遺産分割協議書チェックのポイント

―「問題がある協議・条項」とその改善例―

編集　志和・髙橋綜合法律事務所

新日本法規

は　し　が　き

　平成30年７月６日、民法及び家事事件手続法の一部を改正する法律が成立し、相続法が大幅に改正されました。それから、約６年の月日が経過し、相続法改正に沿った実務が定着してきたように感じています。

　当事務所は、令和４年５月に『遺言書・贈与契約書チェックのポイント―「やってしまいがちな記載」とその改善例―』を新日本法規出版から出版しました。この書籍は、相続法改正を踏まえて出版することになった書籍です。超高齢社会の中で、遺言書等作成のニーズが高まっていることを踏まえ、いざ遺言書や贈与契約書を作成する際に「やってしまいがちな記載」に焦点を当てて執筆しました。

　もっとも、遺言書の作成割合はまだまだ低く、多くの相続案件では、遺産分割協議によって解決されているのが実情です。本書籍は、前掲『遺言書・贈与契約書チェックのポイント―「やってしまいがちな記載」とその改善例―』について、皆様から好評をいただいたことを受けまして、同様のコンセプトで作成しました。具体的には、遺産分割協議書を作成する際に問題が生じやすい協議・条項に焦点を当てて執筆しました。問題が生じやすい協議・条項とその改善例を示す中で、遺産分割協議書の各文言の意味を考えてもらう機会になれば嬉しく思います。

　今後、専門家の方をはじめとした幅広い方々に、遺産分割協議書を作成する際に本書がお役に立てばこの上ない喜びです。

　ただし、本書は、執筆者自身が経験していないことを調査の上、執筆している部分があります。その結果、誤解している箇所があれば、ご指摘を頂戴できれば幸いです。

最後に、新日本法規出版の加賀山量氏には、執筆者との間の事務連絡や原稿の授受、全体的な観点からの各原稿の調整作業等、困難な編集作業を一手に引き受けていただきました。加賀山氏に対して、執筆者一同、この場をお借りして、心からお礼申し上げます。

　令和6年11月

志和・髙橋綜合法律事務所

代表弁護士　志 和 謙 祐

編集・執筆者一覧

《編　集》

志和・髙橋綜合法律事務所

《執筆者》

志和　謙祐（しわ　けんすけ／弁護士）

志和・髙橋綜合法律事務所　代表弁護士

2004年3月京都大学法学部卒業。2004年11月司法試験合格。2006年10月司法修習修了（第59期）、弁護士登録（大阪弁護士会）、北浜法律事務所・外国法共同事業入所。2014年1月志和綜合法律事務所設立。2018年7月志和・髙橋綜合法律事務所設立。

2018年度及び2019年度大阪弁護士会遺言相続センター運営委員会委員長。

著書に『遺言書・贈与契約書チェックのポイントー「やってしまいがちな記載」とその改善例ー』（編著、新日本法規出版、2022年）、『法務・税務からみた　相続対策の効果とリスク』（共著、新日本法規出版、2015年）、『家庭裁判所　別表第一審判事件の実務』（共著、新日本法規出版、2013年）等。

髙橋　康介（たかはし　こうすけ／弁護士）

志和・髙橋綜合法律事務所　代表弁護士

2008年3月京都大学法学部卒業。2010年3月京都大学法科大学院卒業。2010年9月司法試験合格。2011年12月司法修習修了（第64期）、弁護士登録（大阪弁護士会）。2012年1月みずほ綜合法律事務所入所。2018年7月志和・髙橋綜合法律事務所設立。

菅野 千恵子（すがの ちえこ／弁護士）

志和・髙橋綜合法律事務所
2004年3月防衛大学校理工学部卒業。2008年3月関東学院大学法科大学院卒業。2012年9月司法試験合格。2013年12月司法修習修了（第66期）、弁護士登録（大阪弁護士会）。2014年1月志和綜合法律事務所入所。

青木 優（あおき ゆう／弁護士）

志和・髙橋綜合法律事務所
2012年3月大阪大学法学部卒業。2014年9月大阪大学大学院高等司法研究科（法科大学院）卒業。2015年9月司法試験合格。2016年12月司法修習修了（第69期）、弁護士登録（大阪弁護士会）。2017年1月志和綜合法律事務所入所。

安田 健朗（やすだ たけろう／弁護士）

志和・髙橋綜合法律事務所
2017年3月関西大学法学部卒業。2017年11月司法試験予備試験合格。2018年7月関西大学法科大学院中退（司法試験予備試験合格により。）。2018年9月司法試験合格。2019年12月司法修習修了（第72期）、弁護士登録（大阪弁護士会）。2020年1月志和・髙橋綜合法律事務所入所。

松浦 多津実（まつうら たづみ／弁護士）

志和・髙橋綜合法律事務所
2018年3月大阪大学法学部卒業。2020年9月京都大学法科大学院卒業。2021年9月司法試験合格。2022年12月司法修習修了（第75期）、弁護士登録（大阪弁護士会）。2023年1月志和・髙橋綜合法律事務所入所。

凡　　例

＜本書の内容＞

　本書は、遺産分割協議書の文言から生じるトラブルを防止する観点から、問題がある協議及びそれに基づく「問題が生じやすい記載」のある条項例を掲げた上で、その改善方法を解説するものです。

＜本書の構成＞

　各ケースの構成は、次のとおりです。

見出し	遺産分割協議により実現したい内容や状況を簡潔に示しています。
問題がある協議・条項 【条項例】	問題がある協議の内容及び「問題が生じやすい記載」のある条項例を掲げています。
問題点	問題がある協議・条項 の問題点を列記しています。
改善例 【改善後の条項例】	問題点を解消した改善後の協議の内容及び条項例を掲げています。 ※ 問題がある協議・条項 の条項例からの変更・追加箇所に下線を付しています。
解　説	問題がある協議・条項 がトラブルを招く理由、及び 改善例 による予防策について詳しく解説しています。

＜法令等の表記＞

　根拠となる法令等の略記例及び略語は次のとおりです。

　　民法第1047条第 1 項第 2 号＝民1047①二

民	民法	租特	租税特別措置法
医療	医療法	不登	不動産登記法
家事	家事事件手続法	不登則	不動産登記規則
借地借家	借地借家法	弁護士	弁護士法
税通	国税通則法	民執	民事執行法
相税	相続税法	民訴	民事訴訟法
相続国庫帰属	相続等により取得した土地所有権の国庫への帰属に関する法律	相基通	相続税法基本通達

＜判例の表記＞

　根拠となる判例の略記例及び出典の略称は次のとおりです。

　　最高裁判所令和元年 8 月 9 日判決、最高裁判所民事判例集73巻 3 号293頁＝最判令元・ 8 ・ 9 民集73・ 3 ・293

判時	判例時報	民集	最高裁判所(大審院)民事判例集
判タ	判例タイムズ		
家月	家庭裁判月報	家判	家庭の法と裁判
税資	税務訴訟資料		

目　次

第1章　遺産の特定（記載）に関する問題

ページ

1　遺産である不動産を取得する場合……………………………………3

2　遺産である動産を分割したい場合……………………………………7

3　遺産である債権を取得する場合………………………………………11

第2章　相続人と遺産の範囲に関する問題

4　相続人の中に非嫡出子がいる場合……………………………………19

5　代襲相続人がいる場合…………………………………………………23

6　数次相続が発生した場合………………………………………………27

7　連れ子や養子がいる場合………………………………………………32

8　相続人の一人に胎児を懐胎中の者がいる場合………………………36

9　相続開始後に認知によって相続人になった者がいる場合…………41

10　遺産分割成立後に被相続人との離婚無効が認められた
　場合………………………………………………………………………45

11　遺産分割協議後に一部相続人が相続資格を失った場合…………49

12　相続人の一部を除外して遺産分割協議書が作成された
　場合………………………………………………………………………53

13　法定相続人の中に自筆証書遺言を隠匿している者がいた
　場合………………………………………………………………………57

14　不在者財産管理人と相続人との間で遺産分割協議が成立
　した後に不在者が現れた場合…………………………………………61

15 使途不明金がある場合……………………………………64

16 名義預金が存在する場合……………………………………69

17 遺産分割協議成立後に新たな財産が判明した場合……………73

18 法定相続分を超える権利を取得した場合……………………77

第3章　遺産分割の方法・財産に関する問題

19 配偶者居住権を取得させる場合……………………………………83

20 配偶者居住権を得た相続人が第三者に使用収益させたい
　　場合………………………………………………………87

21 配偶者居住権の存続期間に注意すべき場合……………………91

22 不動産を換価分割する場合……………………………………97

23 代償分割により一部相続人に不動産を取得させたい場合……101

24 代償金の回収に実効性を持たせたい場合………………………105

25 住宅ローンが残っている住宅を取得する場合………………109

26 相続人の全員にとって不要な不動産が存在した場合…………112

27 遺産である不動産の賃料収入を一人の相続人に取得させ
　　たい場合……………………………………………………116

28 遺産不動産の共有を解消すると同時にもともとの共有関
　　係も解消したい場合………………………………………120

29 遺産の管理費用を遺産から支出したい場合…………………125

30 葬儀費用も遺産分割協議で解決する場合……………………130

31 預貯金を共同相続人で分割取得させる場合…………………134

32 遺産の一部のみを分割したい場合……………………………139

33 相続債務を一部の相続人に負担させたい場合………………143

| 34 | 遺産分割をせずに長期間経過していた場合 | 147 |

35　共同相続人同士が遠隔地にいるため一堂に会して遺産分
　　割協議を行うことが難しい場合……………………………151

36　詐害行為に当たる遺産分割協議書を作成した場合……………155

第4章　寄与分・特別受益に関する問題

37　一部の相続人に寄与分を認めたい場合……………………………161

38　特別寄与者が存在すると想定される場合に遺産分割協議
　　を進めたい場合……………………………………………………164

39　居住用不動産を配偶者に生前贈与していた場合………………168

40　特定の遺産が法定相続分の割合を超える場合に残余遺産
　　を公平に遺産分割したい場合……………………………………173

41　生命保険金がある場合……………………………………………177

第5章　その他の問題

42　成年後見人を選任する必要がある場合…………………………183

43　特別代理人を選任する必要がある場合…………………………187

44　不在者財産管理人を選任する必要がある場合…………………191

45　内縁の妻が借家に居住していた場合……………………………195

46　遺産分割の禁止を定める場合……………………………………199

47　相続開始前に遺産分割協議がなされた場合……………………203

4 目　次

48　特定の相続人に事業承継させたい場合……………………206

49　診療所（個人事業）を特定の相続人に承継させたい場合……210

50　相続放棄をするか迷いながらも、熟慮期間を意識して遺
　産分割協議を進めた場合…………………………………214

51　遺産分割協議が相続税申告期限に間に合わない場合…………219

52　法定相続情報証明制度を利用したい場合……………………222

53　遺産分割協議で定めた義務を履行しない場合………………225

54　遺産分割協議後に遺言が見つかった場合……………………230

55　遺産分割協議後に特定の財産が遺産でなかったことが判
　明した場合…………………………………………………236

第 1 章

遺産の特定（記載）に
関する問題

2

第1章 遺産の特定（記載）に関する問題 3

1 遺産である不動産を取得する場合

問題がある協議・条項

　被相続人甲の長男である相続人A及び長女である相続人Bが、不動産について遺産分割協議を行った。

【条項例】

　被相続人甲の遺産につき、被相続人の長男Aと被相続人の長女Bは、遺産分割協議の結果、甲の遺産を次のとおり分割する。
1　Aは、被相続人甲が所有する自宅不動産を取得する。
　〔省略〕

＜問題点＞
・自宅不動産が土地を示すのか、建物を示すのか、両方を示すのか明らかでない。
・自宅の所在が明らかでない。

改　善　例

　被相続人甲の長男である相続人A及び長女である相続人Bが、不動産を特定した上で遺産分割協議を行った。

【改善後の条項例】

　被相続人甲の遺産につき、被相続人の長男Aと被相続人の長女Bは、遺産分割協議の結果、甲の遺産を次のとおり分割する。
1　Aは、被相続人甲が所有する下記の不動産を取得する。

```
                          記
  土　地
      所　　在　　○○県○○市○○町○丁目
      地　　番　　○○番○○
      地　　目　　宅地
      地　　積　　○○・○○平方メートル
  建　物
      所　　在　　○○県○○市○○町○丁目○番○号
      家屋番号　　○○番
      種　　類　　居宅
      構　　造　　木造瓦葺２階建
      床 面 積　　１階　　○○・○○平方メートル
                  ２階　　○○・○○平方メートル
  〔省略〕
```

解　説

1　目的物特定の必要性

　遺産分割協議書が形式的に有効でも、複数の解釈が成り立つもので
あったり、財産の特定が不十分であったりすると、遺産分割協議書の
解釈が後日争われるおそれがあります。したがって、遺産分割協議書
を作成する際、目的物を特定することは非常に重要です。

　また、遺産分割協議による権利変動について、法定相続分を超える
部分は、登記等の対抗要件を備えなければ、第三者に対抗することが
できません。

　つまり、遺産分割協議書で利益を受ける相続人は、いくら遺産分割
協議で不動産を譲り受けることができる記載になっていたとしても、

第1章　遺産の特定（記載）に関する問題　　5

速やかに所有権移転登記を備える必要があり、それより先に他の第三
者が登記を備えてしまうと、「私が遺産分割協議で不動産を受け取っ
たのだ」と主張しても、原則として、当該第三者に対抗できなくなっ
てしまうことになります。

2　不動産の特定の仕方

（1）　登記事項証明書の記載に従うことが原則

不動産の特定に関しては、登記事項証明書の記載に従います。具体
的には、土地に関しては、所在、地番、地目及び地積を記載して特定
し、建物に関しては、所在、家屋番号、種類、構造及び床面積によっ
て特定することになります。

（2）　未登記建物の場合

遺産分割の対象が未登記の建物である場合には、登記事項証明書が
存在しないため、どのように特定するか問題となります。この点、固
定資産課税台帳の記載内容などを基に、できる限りの特定を図り、ど
の不動産について記載しているか分かるようにする必要があります。

仮に、同一土地上に複数の未登記建物が存するような場合、遺産分
割協議書への記載だけで特定（区別）できる場合はよいのですが、言
葉だけでは、いずれの未登記建物を示しているか区別が困難になる場
合もあると思われます。そのような場合には、別紙として図面を添付
するなどして特定することも有用と考えられます。

（3）　区分建物（敷地権登記あり）の場合

マンションなどで、敷地権の登記がされている場合には、「一棟の建
物の表示」、「専有部分の建物の表示」の後に「敷地権の目的たる土地
の表示」、「敷地権の表示」を記載することになります。これら特定に
要する事項は登記事項証明書に記載があるため、この記載に従うこと
になります。

（4）　区分建物（敷地権登記なし）の場合

　マンションなどで、敷地権の登記がない場合には、土地と建物を区別して記載します。具体的には「土地」の後に「区分建物」と記載し、区分建物の中で「一棟の建物の表示」、「専有部分の建物の表示」と記載します。こちらも、前記（3）の場合と同様、登記事項証明書の記載に従うことになります。

（5）　共有持分の場合

　例えば、被相続人が土地の2分の1の持分を有している場合を想定します。相続人が当該持分の一切を取得しようとする場合には、「下記不動産の共有持分の一切を、○○が取得する」と記載します。

　当該持分の2分の1を取得する場合には、「下記不動産の共有持分（所有権の2分の1）の更に2分の1（所有権の4分の1）を取得する」と記載すると、（　）内の記載があることでより誤解がない表現になると思われます。

第1章　遺産の特定（記載）に関する問題　　　7

2　遺産である動産を分割したい場合

問題がある協議・条項

　被相続人甲の長男である相続人Aが、被相続人の自動車及びネックレスを取得することで合意した。

【条項例】

> 第〇条　Aは、被相続人の自動車を取得する。
> 第〇条　Aは、被相続人のネックレスを取得する。

＜問題点＞

・分割の対象となる動産の具体的な特定がなされていない。
・自動車の移転登録手続についての記載がない。

改　善　例

　被相続人甲の長男である相続人Aが、被相続人の自動車及びネックレスを取得し、長女である相続人B及び次女である相続人Cは所有権移転登録手続に協力することで合意した。

【改善後の条項例】

> 第〇条　Aは、下記自動車を取得する。
> 　　　　　　　　　　　　　記
> 登録番号　〇〇
> 種　　別　〇〇
> 用　　途　〇〇
> 自家用、事業用の別　〇〇
> 車　　名　〇〇

型　　式　　○○

車台番号　　○○

原動機の型式　　○○

以上

第○条　B及びCは、Aに対し、前条の自動車の所有権移転登録
　　手続に協力する。移転登録手続費用はAの負担とする。

第○条　Aは、下記ネックレスを取得する。

記

製造者　　○○

型　　番　　○○

素　　材　　○○

サイズ　　○○

重　　量　　○○

以上

解　　説

1　動産特定の必要性

　民法上、不動産（土地及びその定着物）以外の物は全て動産とされ
ています（民86）。

　本ケースで遺産分割の対象となっている自動車やネックレスは動産
ですが、遺産分割協議書においても、単に「自動車」、「ネックレス」
と記載するのみでは、具体的な特定を欠くため、事後的に相続人間で
の争いを誘発しかねません。例えば、被相続人が複数台の自動車を所
有していたにもかかわらず、単に「自動車を取得する」と記載するの
みでは、どの自動車を取得するのか、遺産に属する全ての自動車を取

第1章 遺産の特定（記載）に関する問題　　9

得する趣旨なのか等、疑問が残り、明確性を欠きます。

　そこで、当然のことではありますが、改善例 のように、各種情報を記載することによって、遺産分割の対象となっている動産を特定することが肝要です。

2　動産の特定の仕方

（1）　登録がある動産

　動産の中でも、登録制度がある動産と登録制度がない動産があります。登録制度がある動産、例えば自動車であれば、自動車登録事項等証明書の記載を参考にして、遺産分割協議書の中で特定することが重要です。改善例 のように記載すれば十分な特定といえます。

　また、船舶についても登録制度がありますので、船舶登記事項証明書（大型船舶の場合）や小型船舶登録原簿（小型船舶の場合）を参考にして遺産分割協議書の中で特定することが重要です。

（2）　登録がない動産

　登録制度がない動産の場合には、（1）のように登録内容を参考にして動産を特定することができません。

　このような動産については、他の動産と区別がつかなくなるような記載を避け、できるだけ動産の特徴を記載して特定する必要があります。例えば、動産の大きさや重さ、型番や素材、製造者などを記載して特定することになります。例えばネックレスの場合は 改善例 のような記載をすれば特定できます。

（3）　その他の動産の場合

　多くの場合、被相続人が所有する不動産の数は数え切れるのに対し、動産については例えば家の中にある家財だけでも数え切れないことが多いと思います。このような動産の特徴からすれば、被相続人が生前に所有していた全ての動産を個別に特定することは現実的ではありま

せん。

　そこで、前記（1）及び（2）で記載したような、当該動産だけでも特に財産的価値が高いものは個別に特定して誰が取得するかを記載することもあると思いますが、それ以外の動産はまとめて記載することが多いです。具体的には、「その余の一切の財産」を誰が取得するかを遺産分割協議書の中で記載することで、個別具体的に挙げられていない動産は全て「その余の一切の財産」に含まれるものと考えられます。

3　自動車の移転登録

　遺産に属する自動車を遺産分割で取得した相続人は、自動車の登録名義を自身に移転させる必要がありますので、改善例 のように、他の相続人が移転登録に協力することや、移転登録に要する費用負担についても定めておくことが重要です。

第1章　遺産の特定（記載）に関する問題　　　11

3　遺産である債権を取得する場合

問題がある協議・条項

　被相続人甲の長男である相続人A及び長女である相続人Bが、甲の債権について遺産分割協議を行った。

【条項例】

> 　被相続人甲の遺産につき、被相続人の長男Aと被相続人の長女Bは、遺産分割協議の結果、甲の遺産を次のとおり分割する。
> 1　Aは、甲の友人であるXに対する貸付債権100万円を取得する。
> 2　Aは、○○銀行の預金債権を取得する。
> 3　Bは、甲のYに対する損害賠償請求権を取得する。
> 〔省略〕

＜問題点＞

・貸付債権について、債務者の特定が十分でない。

・100万円の貸付債権の内容が十分に特定されていない。

・預金債権について、銀行名しか明らかでなく、特定として不十分である。

・損害賠償請求権の内容が特定されていない。

改善例

　被相続人甲の長男である相続人A及び長女である相続人Bが、甲の債権を特定した上で遺産分割協議を行った。

12　　　第1章　遺産の特定（記載）に関する問題

【改善後の条項例】

　　被相続人甲の遺産につき、被相続人の長男Aと被相続人の長女Bは、遺産分割協議の結果、甲の遺産を次のとおり分割する。

1　Aは、甲がX（住所：○○県○○市○○町○○番地○　生年月日：昭和○年○月○日）に対し有する下記貸付債権を取得する。

記

　　契　約　日　令和○年○月○日
　　貸 付 元 金　100万円
　　弁　済　期　令和○年○月○日
　　利　　　息　年○分
　　遅延損害金　年○分

以上

2　Aは、甲名義の下記預金債権を取得する。

記

　　銀 行 名　○○銀行
　　支 店 名　○○支店
　　口座種類　普通預金
　　口座番号　○○○○○○○
　　口座名義　○○○○

以上

3　Bは、令和○年○月○日、○県○市○町○番地先路上において、Y（住所：○○県○○市○○町○○番地○　生年月日：昭和○年○月○日）の運転する自動車に歩行中の甲が衝突されて死亡したことにより有する甲のYに対する損害賠償請求権を取得する。
　〔省略〕

第1章　遺産の特定（記載）に関する問題　　13

解　説

1　目的物特定の必要性

　遺産分割協議書が形式的に有効でも、複数の解釈が成り立つものであったり、財産の特定が不十分であったりすると、遺産分割協議書の解釈が後日争われるおそれがあります。したがって、遺産分割協議書を作成する際、目的物を特定することは非常に重要です。

　また、遺産分割協議による権利変動について、法定相続分を超える部分は、対抗要件を備えなければ、第三者に対抗することができません。債権における第三者対抗要件は確定日付のある通知又は承諾です（民467②）。

　つまり、遺産分割協議書で利益を受ける相続人（受益相続人）又は遺贈によって利益を受ける者（受遺者）は、いくら遺産分割協議で債権を譲り受けることができる記載になっていたとしても、速やかに債務者に対する確定日付のある通知をするか又は債務者の承諾を得る必要があり、それより先に他の第三者が対抗要件を備えてしまうと、「私が遺産分割協議で債権を受け取ったのだ」と主張しても、原則として、当該第三者に対抗できなくなってしまうことになります。

2　損害賠償請求権の遺産分割対象性

（1）　逸失利益

　交通事故で被害者が死亡すると、将来被害者本人が働いて得られるはずであった収入がなくなります。そして、働いていれば本来得られるはずの収入のことを逸失利益といいます。このような財産的損害の損害賠償請求権は権利者の死亡によって相続人に承継されます（民896本文）。

（2） 慰謝料請求権

逸失利益に対し、死亡者自身の慰謝料請求権は本来的に行使上の一身専属権であり、相続の対象とはなり得ず、遺族固有の慰謝料請求権を認めれば足りるとの見解もありますが、判例は、慰謝料請求権の相続対象性を認めています（最大判昭42・11・1民集21・9・2249）。

（3） 損害賠償請求権

損害賠償請求権は可分債権ですので、相続人は法定相続分に応じて債権を取得することになりますが、実務上は、相続人全員で遺産分割の対象とする旨合意したときは遺産分割の対象としています。

本ケースでは、Bは自己の法定相続分2分の1を超えて損害賠償請求権を取得する旨の協議が成立しているので、これをYに対抗するには、BがYに対し承継の通知をする必要があります（民899の2②）（詳細はケース18参照）。

3　債権の特定の仕方

（1） 貸付金の場合

不動産の場合とは違い、債権の場合には、登記制度が用意されていることが限定的です（賃借権の場合には、不登3ハ・81）。本ケースの貸付金の場合も、登記することはできないため、契約内容から特定していくほかありません。

他の債権と区別することができる必要があるため、いつ、いくらを貸したのかをはじめ、要素を挙げて特定することになります。本ケースの 改善例 では、契約日、貸付元金、弁済期、利息、遅延損害金といった情報により特定しています。

（2） 預貯金の場合

預金債権の場合は、銀行名、支店名、口座種類、口座番号、口座名義によって特定することになります。具体的には、 改善例 に記載の

第1章　遺産の特定（記載）に関する問題　　15

とおりです。

　また、例えば、ゆうちょ銀行の貯金債権の場合、記号、番号、名義によって特定されることになります。

（3）　損害賠償請求権の場合

　損害賠償請求権（交通事故に基づく損害）の場合は、事故日、事故場所、事故当事者、事故態様等によって特定することになります。具体的には、改善例に記載のとおりです。

第 2 章

相続人と遺産の範囲に
関する問題

18

4 相続人の中に非嫡出子がいる場合

問題がある協議・条項

　被相続人甲が死亡し、甲の遺産としては預貯金1,400万円のみが残されていた。甲の相続人としては、甲の妻A、子B、養子C、胎児D、婚姻関係にない女性との間の子E（甲が認知済み）が存在する。相続人ら全員は胎児Dの出生後に遺産分割協議を行い、法定相続分どおりに分割することとなった。その結果、配偶者である妻Aが2分の1、甲の嫡出子であるB、D及び養子Cが7分の1、甲の非嫡出子であるEが14分の1を取得する旨の遺産分割協議書を作成した。

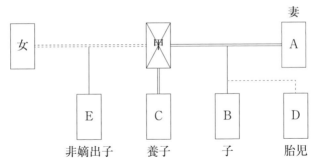

【条項例】

　被相続人甲の下記預金につき、Aは700万円を、B、C、Dはそれぞれ200万円を、Eは100万円を取得する。
　　　　　　　　　　　　　記
　銀 行 名　〇〇銀行
　支 店 名　〇〇支店
　口座種類　普通預金
　口座番号　〇〇〇〇〇〇〇
　口座名義　甲
　　　　　　　　　　　　　　　　　　　　　以上

20   第2章　相続人と遺産の範囲に関する問題

＜問題点＞
・非嫡出子の法定相続分を誤って遺産分割を行っている。

改善例

　相続人ら全員は胎児Dの出生後に遺産分割協議を行い、法定相続分
どおりに分割することとなった。その結果、配偶者である妻Aが2分
の1、甲の嫡出子であるB、D、養子C、非嫡出子Eがそれぞれ8分
の1ずつ取得する旨の遺産分割協議書を作成した。

【改善後の条項例】

　　被相続人甲の下記預金につき、Aは700万円を、B、C、D、E
　はそれぞれ175万円ずつを取得する。
　　　　　　　　　　　　　　　　　　　　　記
　〔省略〕

解　説

1　法定相続人

　被相続人が死亡した場合、誰が法定相続人となるかは、次の順序に
従って決まります（民887・889・890）。

①　まず被相続人の配偶者は必ず相続人になります。被相続人の死亡
　時に離婚が成立している場合は、既に配偶者としての地位を失って
　いますので、相続人にはなりません。また、婚姻していない内縁関
　係にある者も相続人とはなりません。

②　次に、被相続人に子がいる場合は、子も相続人になります。

③　被相続人に子がいない場合は、被相続人の直系尊属（父母）が相

第2章　相続人と遺産の範囲に関する問題　　21

続人になります。

④　被相続人に子も直系尊属もいない場合は、兄弟姉妹が相続人になります。

なお、相続人となる者（子及び兄弟姉妹に限ります。）が相続開始時に既に死亡していた場合は、その者の直系卑属が相続人となる代襲相続という制度がありますが、こちらについてはケース5を参照してください。

2　法定相続分（子）

法定相続人に該当する「子」については、次の者が含まれます。

（1）　胎　児

相続開始時に胎児であった者は、相続に関しては、既に生まれた子としてみなされるため、相続人となりますが、後に死産した場合は、相続人には含まれません（民886）。胎児の法定相続分は既に生まれている子と同じ割合になります。なお、胎児がいる場合の遺産分割協議については、ケース8を参照してください。

（2）　養　子

養子縁組をした場合、養子は縁組の日から養親の嫡出子の身分を取得する（民809）ため、養親と養子には法的に親子関係が成立し実子と同じく相続人となります。養子と実子の法定相続分も同じ割合になります。なお、普通養子縁組は、実の両親との親子関係も継続しますが、特別養子縁組は、実の両親との親子関係がなくなるという違いがあります。

（3）　非嫡出子

婚姻中の夫婦の間に生まれた子のことを「嫡出子」といい、婚姻中でない男女の間に生まれた子を「嫡出でない子」あるいは「非嫡出子」といいます。

22　　第2章　相続人と遺産の範囲に関する問題

　かつて、非嫡出子は、父に認知された場合であっても、嫡出子の2分の1の法定相続分しか認められていませんでした（平25法94改正前民900四ただし書前半部分）。しかし、この民法の規定については、非嫡出子に対する不合理な差別ではないかと問題提起がなされていました。そして、最高裁判所がこの民法の規定は憲法14条違反であると判断したことにより（最大決平25・9・4民集67・6・1320）、民法が改正され、現在では、嫡出子と非嫡出子の法定相続分は同じとされています（民900）。

　この改正は、平成25年9月5日以後に開始した相続について適用されることになります（平25法94改正民附則②）が、上記判例では、遅くとも平成13年7月当時において、憲法14条1項に違反していたとの決定をしていますので、既に遺産分割協議等が終了している事案を除いて、平成13年7月1日から平成25年9月4日までの間に開始した相続についても、嫡出子と非嫡出子の相続分は同等のものとして扱われるものと考えられます。

5 代襲相続人がいる場合

> 問題がある協議・条項

　被相続人甲が亡くなったので、甲の妻Aと長男Bで遺産分割協議を行おうとしたところ、長男Bが相続放棄を行った。長男Bが相続放棄をしたことで、相続人の範囲が拡大したため、妻Aは、D、E、G及びHとの間で遺産分割協議を行った（相続関係図は以下のとおり。なお、父、母、C及びFは、甲より先に亡くなっているものとする。）。

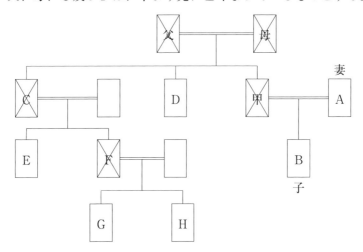

【条項例】

> 　被相続人甲の遺産につき、A、D、E、G及びHは、遺産分割協議の結果、甲の遺産を次のとおり分割する。
> 　〔省略〕

<問題点>
・相続人ではないG及びHが、遺産分割協議に参加している。

24 第２章　相続人と遺産の範囲に関する問題

改善例

被相続人甲の妻ＡはＤ及びＥとの間で遺産分割協議を行った。

【改善後の条項例】

> 被相続人甲の遺産につき、Ａ、Ｄ及びＥは、遺産分割協議の結
> 果、甲の遺産を次のとおり分割する。
> 〔省略〕

解　説

1　相続放棄

相続人は、自己のために相続の開始があったことを知った時から３
か月以内に、家庭裁判所に申述することで相続放棄をすることができ
ます（民915①・938）。そして、相続放棄をすると、相続放棄したものは、
初めから相続人にならなかったものと扱われます（民939）。

本ケースでは、Ｂが相続放棄をしているので、Ｂは初めから相続人
にならなかったものとみなされます。

2　法定相続

民法は、法定相続について、配偶者と被相続人の子を第１順位と定
めており（民887・890）、被相続人の子（及びその子の代襲相続人　代襲
相続については、３で説明します。）がいない場合に、被相続人の直系
尊属を第２順位、被相続人の兄弟姉妹を第３順位と定めています（民
889）。

そして、法定相続分については、民法900条と901条に定められてい
ます。

第2章　相続人と遺産の範囲に関する問題　　25

（法定相続分）

第900条　同順位の相続人が数人あるときは、その相続分は、次の各号の
　定めるところによる。

　一　子及び配偶者が相続人であるときは、子の相続分及び配偶者の相
　　続分は、各2分の1とする。

　二　配偶者及び直系尊属が相続人であるときは、配偶者の相続分は、
　　3分の2とし、直系尊属の相続分は、3分の1とする。

　三　配偶者及び兄弟姉妹が相続人であるときは、配偶者の相続分は、
　　4分の3とし、兄弟姉妹の相続分は、4分の1とする。

　四　子、直系尊属又は兄弟姉妹が数人あるときは、各自の相続分は、
　　相等しいものとする。ただし、父母の一方のみを同じくする兄弟姉
　　妹の相続分は、父母の双方を同じくする兄弟姉妹の相続分の2分の
　　1とする。

　本ケースでは、Bが相続放棄しており、かつ、甲の両親が亡くなっ
ているので、相続人は、A、（甲より前に亡くなっていなければ）C及
びDとなります。

3　代襲相続

　相続人となる者が相続開始以前に死亡したり、一定の事由（相続欠
格、廃除）によって相続権を失った場合、その相続人の直系卑属が、
その相続人に代わって、相続人となることを代襲相続といいます（民
887②・889②）。

　相続人の子に代襲相続原因が発生すれば、被相続人の子の子、すな
わち孫が代襲相続人となりますが、その孫に代襲相続原因が発生すれ
ば、孫の子（ひ孫）が代襲相続人（再代襲）となります（民887③）。も
っとも、兄弟姉妹についての代襲相続の場合には、再代襲相続はでき
ません（民889②は民887②を準用するだけで、同条③を準用していないためで
す。）。

26   第2章　相続人と遺産の範囲に関する問題

　本ケースでは、Cが甲より先に亡くなっているので、Cの子である
Eが代襲相続人となります。また、Fが甲より先に亡くなっているこ
とから、Fの子であるGとHも再代襲相続人になると思われますが、
上記のとおり、兄弟姉妹の場合の再代襲は許されないので、GとHは
再代襲相続人とはなりません。

　したがって、本ケースの相続人は、A、D及びEとなり、これらの
者で遺産分割協議をする必要があります。なお、具体的相続分は、A
が4分の3、Dが8分の1、Eが8分の1となります（民900三・901）。

6　数次相続が発生した場合

> 問題がある協議・条項

　甲には、妻Aとの間に、子B、乙がいる。そして、乙は結婚して、妻Cとの間に、子Dがいる。

　甲が死亡し、甲の遺産には、預貯金8,000万円があったが、甲の相続人であるA、乙、B間で遺産分割協議が成立しない間に、子乙が死亡した。乙は生前に土地建物1と土地建物2を所有していたところ、乙の相続人であるCとDは、土地建物1と土地建物2に加えて、甲の遺産に対する乙の法定相続分（預貯金8,000万円×4分の1＝2,000万円）も乙の遺産に含まれることを前提に、遺産分割協議を行い、Cが土地建物1と預貯金1,000万円を取得し、Dが土地建物2と預貯金1,000万円を取得することとした。

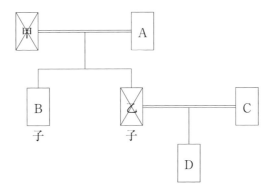

【条項例】

　第○条　Cは、以下の不動産を取得する。
　　〔省略〕

第2章　相続人と遺産の範囲に関する問題

第○条　Dは、以下の不動産を取得する。
〔省略〕
第○条　下記預貯金について、Cが1,000万円、Dが1,000万円を
それぞれ取得する。

記

銀 行 名　○○銀行
支 店 名　○○支店
口座種類　普通預金
口座番号　○○○○○○○
口座名義　甲

以上

<問題点>
・甲の遺産（預貯金8,000万円）については、AとBも相続人になるに
もかかわらず、C及びDは、AとBを協議に加えずに、自分達だけ
で甲の遺産の遺産分割協議をしてしまっている。

改善例

A、B、C、Dで、甲の遺産（預貯金8,000万円）について遺産分割
協議をし、Aが4,000万円、Bが2,000万円、Cが1,000万円、Dが1,000
万円を取得することとした上で、CとDは、乙の遺産（土地建物1、
土地建物2）について遺産分割協議をし、Cが土地建物1を取得し、
Dが土地建物2を取得することとし、以下のとおり、甲の遺産と乙の
遺産についてそれぞれ遺産分割協議書を作成した。

第2章　相続人と遺産の範囲に関する問題　　29

【改善後の条項例】

（1）　被相続人甲の遺産についての遺産分割協議書

　A、B、C、Dは、被相続人甲の遺産について、遺産分割協議を行い、本書のとおり合意した。

第○条　被相続人甲の相続人が、A、B、C、Dであることを確認する。

第○条　下記預貯金について、Aが4,000万円、Bが2,000万円、Cが1,000万円、Dが1,000万円をそれぞれ取得する。

記

　銀 行 名　○○銀行

　支 店 名　○○支店

　口座種類　普通預金

　口座番号　○○○○○○○

　口座名義　甲

以上

（2）　被相続人乙の遺産についての遺産分割協議書

　C、Dは、被相続人乙の遺産について、遺産分割協議を行い、本書のとおり合意した。

第○条　Cは、以下の不動産を取得する。

　〔省略〕

第○条　Dは、以下の不動産を取得する。

　〔省略〕

第2章　相続人と遺産の範囲に関する問題

解　　説

1　第二次被相続人による第一次被相続人の遺産の取得

　本ケースのように、甲が死亡して（第一次相続）、A、B、乙間で遺産分割協議が成立しない間に、甲の相続人だった乙も死亡してしまい、第二次相続が開始するというケースがあります。これを数次相続といいます。

　数次相続の場合、第一次被相続人（甲）が死亡した時点では、第二次被相続人（乙）も甲の相続人です。判例（最決平17・10・11判時1914・80）は、第二次被相続人は、第一次被相続人の相続開始と同時に、第一次被相続人の遺産について相続分に応じた共有持分権を取得しており、これは第二次被相続人の遺産を構成するものであるとした上で、これを第二次被相続人の共同相続人に帰属させるためには、遺産分割手続を経る必要があるとしています。

　そして、数次相続において遺産分割協議を行う場合には、第一次相続の相続人全員（ただし、第二次被相続人は死亡していますので、除きます。）と第二次相続の相続人全員が分割協議に参加しなければなりません。

　本ケースでも、甲の遺産である預貯金8,000万円に対する乙の相続分も乙の遺産となりますが、CとDがその預貯金についても遺産分割するには、甲の遺産について遺産分割協議をする必要があります。そして、甲の遺産については、AとBも相続人になりますので、A、B、C、Dで遺産分割協議をする必要があります。問題がある協議・条項のように、甲の遺産についてAとBを加えずに遺産分割協議をしてしまうと、CとDが預貯金について相続手続を行ったとしても、金融機関に対応してもらえないでしょう。

第2章　相続人と遺産の範囲に関する問題　　　31

2　各相続分

　第一次被相続人甲の相続人は、妻であるAと、子である乙、Bですが、子と配偶者の相続分は「各2分の1」（民900一）とされており、子が複数人いる場合は、「各自の相続分は、相等しいもの」（民900四）とされていますので、A、乙、Bの相続分は、それぞれ2分の1、4分の1、4分の1となります。そして、第二次被相続人乙の相続人は、妻であるCと、子であるDですので、上記の民法の規定に従うと、乙の遺産に対するC、Dの相続分は、それぞれ2分の1ずつになります。

　したがって、数次相続が生じた場合、預貯金8,000万円に対するA、B、C、Dの相続分は、Aが2分の1（4,000万円）、Bが4分の1（2,000万円）、Cが8分の1（1,000万円）、Dが8分の1（1,000万円）となります。

32   第2章　相続人と遺産の範囲に関する問題

7　連れ子や養子がいる場合

問題がある協議・条項1

　被相続人が配偶者Aと婚姻した時点で、Aには前夫との間の子Bがおり、婚姻後、被相続人、A及びBの3人で生活を始めたが、被相続人とBとの間で養子縁組をすることはなかった。その後、被相続人とAとの間の子Cが生まれた。

　被相続人が死亡し、遺産は預金2,000万円のみであった。A、B及びCは、被相続人の遺産について、以下のとおり遺産分割協議書を作成した。

【条項例】

> 第○条　被相続人の遺産である下記預金について、Aが1,000万円、Bが500万円、Cが500万円をそれぞれ取得する。
> 〔省略〕

＜問題点1＞

・被相続人と養子縁組をしていないAの連れ子Bを相続人に含めて遺産分割協議を行っている。

改善例1

　Bは被相続人の養子ではなく、相続人にならないため、A及びCは、被相続人の遺産について、以下のとおり遺産分割協議書を作成した。

【改善後の条項例】

> 第○条　被相続人の遺産である下記預金について、Aが1,000万円、Cが1,000万円をそれぞれ取得する。
> 〔省略〕

第2章　相続人と遺産の範囲に関する問題　　33

問題がある協議・条項2

　被相続人はDとの間で、Dを養子とする養子縁組をし、その時点でDには既に離婚した夫との間の子Eがいた。被相続人とDが養子縁組をした後、DはF及びGを出産した。Dが被相続人に先立って死亡し、その後、被相続人が死亡した。被相続人の遺産は預金1,200万円のみであった。被相続人の相続について、E、F及びGがいずれも代襲相続人として以下のとおり遺産分割協議書を作成した。なお、被相続人に配偶者はいない。

【条項例】

> 第〇条　被相続人の遺産である下記預金について、E、F及びG
> 　　はそれぞれ400万円ずつ取得する。
> 　〔省略〕

＜問題点2＞

・被相続人とDの養子縁組前に生まれていたEが、被相続人の代襲相続人として遺産分割協議を行っている。

改善例2

　Eは相続人とならないため、F及びGは、被相続人の代襲相続人として、被相続人の遺産（預金1,200万円）を2分の1ずつの割合で取得した。

【改善後の条項例】

> 第〇条　被相続人の遺産である下記預金について、F及びGはそ
> 　　れぞれ600万円ずつ取得する。
> 　〔省略〕

34 第2章　相続人と遺産の範囲に関する問題

解　説

1　法律上の親子関係

　相続人の範囲に関する一般的な説明については、ケース4を参照してください。

　問題がある協議・条項1 では、被相続人の配偶者の連れ子が、被相続人の「子」（民887①）として相続人に含まれるか、すなわち、被相続人とその配偶者の連れ子との間に、法律上の親子関係が存在するかが問題となります。

　この点、法律上の親子関係のうち、母と子の関係は、分娩という客観的事実によって定まります。父と子の関係は、嫡出推定（民772）、又は、子に対する認知（民779）によって定まります。

2　いわゆる「連れ子」

　もっとも、被相続人と、その配偶者の子との間には、上記のような法律上の親子関係を基礎付ける事実はありません。そのため、単なる連れ子は、相続人となりません。

　問題がある協議・条項1 でいうと、Aの子Bと被相続人との間には法律上の親子関係がなく、Bは相続人になりません。

3　養子縁組

　これに対し、Bが被相続人との間で養子縁組を行っていた場合、Bは養子縁組の日から、被相続人の嫡出子としての身分を取得します（民809）ので、被相続人の子として、相続人に含まれることとなります。

4　養子と代襲相続

　次に、問題がある協議・条項2 では、被相続人の養子に子がおり、

第2章　相続人と遺産の範囲に関する問題　　35

養子が被相続人に先立って死亡していた場合において、養子の子が代襲相続人となるか否かが問題になります。

　この点については、養子縁組前に生まれた子であるか、養子縁組後に生まれた子であるかによって、結論が異なります。

　まず、代襲して相続人になる子は、被相続人の直系卑属である必要があります（民887②）。そして、養子縁組による親族関係は、養子（D）と、養親（本ケースでは被相続人）及び養親の血族との間に発生しますが、縁組時に既に生まれていた養子の子（E）と養親（本ケースでは被相続人）との間において親族関係は発生しません。そのため、縁組前に既に生まれていた養子の子は、養親の代襲相続人にはなりません。

　他方、縁組によって、養子は養親の嫡出子の身分を取得します（民809）ので、縁組後に生まれた養子の子（F、G）は、養親の直系卑属となります。そのため縁組後に生まれた養子の子は養親の代襲相続人となり得ます。

　問題がある協議・条項2 に即して説明すると、被相続人とDとの縁組前に生まれていたEは、被相続人の代襲相続人とはならず、縁組後に生まれたF及びGが、被相続人の代襲相続人となり得ます。

36 第2章 相続人と遺産の範囲に関する問題

8 相続人の一人に胎児を懐胎中の者がいる場合

問題がある協議・条項1

　被相続人甲と、その妻であるAとの間には、子B（18歳）のほかに、胎児C（令和6年12月10日出生予定）がいた。相続人Aと相続人Bは、胎児Cはまだ出生していないが、AがCの代理人となって、A、B、C間で遺産分割協議を行った。

【条項例】

> 第○条　〔省略〕
>
> 第○条　〔省略〕
>
> 　本遺産分割協議の成立を証するため、本協議書2通を作成し、各自1通を保有する。
>
> 令和6年4月10日
>
> 　　　　　　　　住所　○○県○○市○○町○丁目○番○号
>
> 　　　　　　　　氏名　A
>
> 　　　　　　　　住所　○○県○○市○○町○丁目○番○号
>
> 　　　　　　　　氏名　B
>
> 　　　　　　　　住所　○○県○○市○○町○丁目○番○号
>
> 　　　　　　　　氏名　C母A

＜問題点1＞

・権利能力のない胎児Cが遺産分割協議に参加したことになってしまう。

第2章　相続人と遺産の範囲に関する問題　　37

問題がある協議・条項2

　被相続人甲と、その妻であるAとの間には、子B（18歳）のほかに胎児C（令和6年12月10日出生予定）がいた。相続人Aと相続人Bは、胎児Cはまだ出生していないが、A、B間で遺産分割協議を行った。

【条項例】

第○条　〔省略〕

第○条　〔省略〕

　本遺産分割協議の成立を証するため、本協議書2通を作成し、各自1通を保有する。

令和6年4月10日

　　　　　　　　　住所　○○県○○市○○町○丁目○番○号
　　　　　　　　　氏名　A
　　　　　　　　　住所　○○県○○市○○町○丁目○番○号
　　　　　　　　　氏名　B

＜問題点2＞

・胎児Cが出生した場合、共同相続人であるCを除外して遺産分割協議がなされたことになってしまう。

改善例

　被相続人甲の妻である相続人Aと子である相続人Bは、胎児Cの出生後、Cの特別代理人Dを選任して、遺産分割協議を行った。

【改善後の条項例】

第○条　〔省略〕

第○条　〔省略〕

本遺産分割協議の成立を証するため、本協議書３通を作成し、各自１通を保有する。

令和７年１月10日

住所　〇〇県〇〇市〇〇町〇丁目〇番〇号

氏名　A

住所　〇〇県〇〇市〇〇町〇丁目〇番〇号

氏名　B

住所　〇〇県〇〇市〇〇町〇丁目〇番〇号

氏名　C特別代理人D

解　説

1　胎児の相続権

民法３条１項は、「私権の享有は、出生に始まる。」と規定しており、出生前の胎児は権利主体とならないのが原則です。ここで、権利主体とは、法的に権利能力（契約の当事者となって権利を取得し、又は、義務を負う能力）を有する者をいいますので、胎児は遺産分割協議をすることができないのが原則です。

もっとも、相続の場面では、胎児を「生まれたものとみなす」とされており（民886①）、例外的に権利主体となることが認められています。

2　停止条件説と解除条件説

この「生まれたものとみなす」の意義は必ずしも明確でなく、胎児の時点で権利能力が認められるのかについては、停止条件説と解除条件説で見解が分かれてきます。

停止条件説は、胎児の時点では権利能力は認められないものの、胎児が生きて生まれれば、相続開始時に遡って権利能力があったことと

第2章　相続人と遺産の範囲に関する問題　　39

する、という考えです。他方、解除条件説は、胎児の時点で権利能力を有するが、胎児が死産した場合には、相続開始時に遡って権利能力がなかったこととする、という考えです。

　判例（大判昭7・10・6民集11・2023）は、停止条件説を採用していると解されています。そのため、以下の解説では停止条件説を前提とします。

3　胎児を含めた遺産分割又は胎児を除外した遺産分割の効力

　停止条件説によりますと、胎児の時点では権利能力がない以上は、胎児の親が法定代理人として胎児の権利を行使する余地はなく、親が法定代理人になって胎児を含めた遺産分割協議をすることはできないことになります（司法書士法人おおさか法務事務所編『相続登記相談対応マニュアル』37・38頁（新日本法規出版、2019））。そのため、問題がある協議・条項1のように、母親Aが胎児Cの代理人となって胎児Cを含めた遺産分割協議をすることはできません。

　また、問題がある協議・条項2のように胎児Cを除外して遺産分割した場合、胎児が死産であれば、当該遺産分割協議は有効となります。しかし、胎児が出生した場合には、胎児は相続開始時に遡って権利能力を取得するため、当該遺産分割協議は共同相続人たる胎児を除外してなされたものとなり、無効となってしまいます（仲隆＝浦岡由美子編『遺産相続事件処理マニュアル』143頁（新日本法規出版、2019））（共同相続人を除外してなされた遺産分割協議については、ケース12を参照してください。）。

　そのため、遺産分割協議については、改善例のように、胎児が出生するまで待つのが相当と考えられます（未成年者を含む遺産分割協議については、ケース43を参照してください。）。

4　胎児の出生と相続税

　相続税について、相続の開始があったことを知った日の翌日から10か月以内に申告及び納税をしなければなりません（相税27①）。相続税法基本通達27－4は、胎児が出生した場合の「相続の開始があったことを知った日」について、「法定代理人がその胎児の生まれたことを知った日」から10か月以内に申告及び納税をすることとしています。

　申告書提出までに胎児が出生していなかったために胎児について相続税の申告をしていなかった場合、申告の時点では、胎児を相続人の数に含めずに相続税が計算されていることになりますので、他の相続人の課税価格や相続税額が過大になっている可能性があります。そこで、胎児の出生したことを知った日の翌日から4か月以内に更正の請求をして、納め過ぎた相続税を還付してもらうことができます（相税32①）。

第2章 相続人と遺産の範囲に関する問題 41

9 相続開始後に認知によって相続人になった者がいる場合

問題がある協議・条項

　被相続人甲の遺産相続につき、被相続人の長男Ａと被相続人の長女Ｂが遺産分割協議を行おうと思ったところ、甲の子であると主張するＣが現れた。Ｃは相続開始後に認知の訴えを提起したが、Ａ及びＢは判決を待っていられないと述べ、判決確定前に２名だけで遺産分割協議を成立させた。

　遺産分割協議書は、Ａが不動産を取得し、Ｂが預貯金を取得するとの内容で合意した。その後、Ｃの認知判決が確定した。

【条項例】

```
　第○条　下記不動産は、相続人Ａが相続する。
                         記
　　〔省略〕
　第○条　下記預貯金は、相続人Ｂが相続する。
                         記
　　〔省略〕
```

＜問題点＞

・遺産分割協議成立後にＣの認知判決が確定したことによってＣが相続人になったにもかかわらず、Ｃを除外して遺産分割協議を行っている。

・Ａは遺産分割協議により不動産を取得しているが、手元にお金がない場合、後からＣに価額の支払請求をされた場合、支払うことができず困ることになる。

42   第2章　相続人と遺産の範囲に関する問題

改善例

　Cの認知判決が確定する前にAとBとの間で遺産分割協議を成立さ
せる場合には、Cから法定相続分について価額の支払請求をされる可
能性があるので、その支払に備えて、AとBはそれぞれ2分の1ずつ
不動産及び預貯金を取得するようにした。

【改善後の条項例】

> 第○条　下記不動産は、相続人A（持分2分の1）及び相続人B
> 　（持分2分の1）が相続する。
> 　　　　　　　　　　　　　　　記
> 　〔省略〕
> 第○条　下記預貯金は、相続人A及びBが2分の1ずつ相続する。
> 　　　　　　　　　　　　　　　記
> 　〔省略〕

解説

1　認知判決確定前に遺産分割が終了している場合の遺産分割協議の効力

　相続開始時に認知の訴えが提起されている場合、認知判決が確定す
る前に遺産分割が終了した場合の遺産分割協議の効力が問題となりま
す。

　この点については、認知の訴えが提起されていた場合に遺産分割協
議を禁止する規定がないことから、一般的には、遺産分割協議は有効
であると考えられています（遺言・相続実務問題研究会編『Q&A　遺産分
割後のトラブル対応―法務・登記・税務―』387頁（新日本法規出版、2014））。し
たがって、遺産分割が終了した後に認知によって相続人になった者は、

第2章　相続人と遺産の範囲に関する問題　　43

価額の支払請求権を有することになります（民910）。

　本ケースでは、Cは認知判決が確定したことにより法定相続分の価額の支払請求権を有するので、AとBに対し、法定相続分である遺産の3分の1を請求することになります。

　CがAとBの遺産分割協議を止める方法としては、家庭裁判所による遺産分割の禁止（民908④）を求めることにより、AとBによる遺産分割を禁止することが考えられます。

2　遺産の評価額の基準時

　上記1記載のとおり、認知によって相続人になった者が価額の支払請求をした場合、請求を受けた共同相続人は、いつの時点を基準として価額の支払をすべきかが問題となります。

（1）　原　則

　遺産の評価額については、相続開始時（被相続人が亡くなった時点）とする説と遺産分割時（実際に遺産を分割する時点）とする説があるところ、実務上は、遺産分割時の金額に基づいて算定しています。遺産分割時とする考え方は、相続開始時から遺産分割時までに遺産の価額が変動した場合、相続人間の公平が害されることを理由としています。

　この点、裁判例は、「遺産分割のための相続財産評価は分割の時を標準としてなされるべきものである」（札幌高決昭39・11・21家月17・2・38）と判示しています。

（2）　価額の支払請求（民910）の場合の遺産の評価額の基準時

　この場合は、上記の原則とは異なり、価額の支払請求をした時と考えられています。

　この点について、裁判例は、「民法910条の規定は、相続の開始後に認知された者が遺産の分割を請求しようとする場合において、他の共

同相続人が既にその分割その他の処分をしていたときには、当該分割等の効力を維持しつつ認知された者に価額の支払請求を認めることによって、他の共同相続人と認知された者との利害の調整を図るものであるところ、認知された者が価額の支払を請求をした時点までの遺産の価額の変動を他の共同相続人が支払うべき金額に反映させるとともに、その時点で直ちに当該金額を算定し得るものとすることが、当事者間の衡平の観点から相当であるといえるからである。」(最判平28・2・26家判7・31) と判示しています。

本ケースでは、A及びBは、Cから価額の支払請求をされた時点における遺産の評価額を基準として、Cに対してそれぞれ法定相続分の2分の1ずつを支払うことになります。

3　価格の支払請求をされた場合の対応

共同相続人が遺産分割協議に従って取得した遺産を既に処分していた場合であっても、処分していない場合と同様に、認知によって相続人となった者は、価額の支払請求をすることができます。

また、「価額のみによる支払の請求権」(民910) とは、具体的には、共同相続人は法定相続分に従って金銭を支払わないといけないことになりますが、遺産分割協議により不動産を取得して手元に金銭がない場合には、価額の支払ができず困ることになります。

そこで、改善例のように、A及びBは、Cから価額の支払請求をされることに備えて、あらかじめ預金を2分の1ずつ取得しておくことにする方法が考えられます。

また、他の共同相続人は、不動産を売却できる場合には、あらかじめ不動産を売却し、売却額を法定相続分に従って取得しておくという方法も考えられます。不動産を売却して売却価額を分ける場合の遺産分割協議書の記載例は、ケース22を参照してください。

第2章　相続人と遺産の範囲に関する問題　　45

10　遺産分割成立後に被相続人との離婚無効が認められた場合

問題がある協議・条項

　被相続人甲の生前、再婚後の妻Cとの間で協議離婚をした旨の戸籍の届出がなされていた。甲の遺産相続につき、再婚前の妻の子である被相続人の長男Aと被相続人の長女Bは、他に相続人はいないものとして遺産分割協議を行った。

　その後、甲とCの離婚が無効であることが確定した。

【条項例】

　被相続人甲の遺産相続につき、被相続人の長男Aと被相続人の長女Bが遺産分割協議を行い、次のとおりに遺産分割の協議が成立した。

＜問題点＞

・遺産分割協議成立後に甲とCの協議離婚が無効となったので、Cを除外して遺産分割協議がなされてしまっている。

改善例

　被相続人甲の生前、再婚後の妻Cとの間で協議離婚をした旨の戸籍の届出がなされていた。甲の遺産相続につき、再婚前の妻の子である被相続人の長男Aと被相続人の長女Bは、他に相続人はいないものとして遺産分割協議を行った。

　その後、甲とCの離婚が無効であることが確定したので、遺産分割

46　　第２章　相続人と遺産の範囲に関する問題

協議は、共同相続人の一人を除外して成立したものとして、無効となり、Ｃ、Ａ、Ｂの３人で遺産分割協議をやり直すこととなった。

【改善後の条項例】

> 被相続人甲の遺産相続につき、<u>妻Ｃと</u>被相続人の長男Ａと被相続人の長女Ｂが遺産分割協議を行い、次のとおりに遺産分割の協議が成立した。

解　説

1　遺産分割協議が成立した後に離婚無効となった場合の遺産分割協議の効力

　遺産分割協議が成立した後、離婚無効確認訴訟において離婚の無効を確認する判決が確定した場合、遺産分割協議の効力が問題となります。

　離婚の話ではありませんが、後で相続人の範囲が変わる場合として死後認知が考えられます。認知の効力については、「認知は、出生の時にさかのぼってその効力を生ずる。ただし、第三者が既に取得した権利を害することはできない。」（民784）と規定されており、遺産分割協議の効力についても遡って否定することができないと考えられています。したがって、死後認知において、遺産分割協議が成立した後に死後認知訴訟における認知判決が確定した場合には、遺産分割協議は有効であり、認知によって相続人となった者は民法910条により価額の支払請求をすることになります。

　そこで、離婚無効の場合にも民法910条を類推適用し、死後認知と同様に遺産分割協議は有効であると考えられるのではないかが問題とな

第2章　相続人と遺産の範囲に関する問題　　47

ります。

　この点について、離婚無効については認知と異なり、遡及効を制限する明文の規定がありません。そこで、遺産分割協議は共同相続人の一人を除外したものとして無効であり、再度、遺産分割協議をやり直さなければならないと考えられています。

　離婚無効の場合ではありませんが、共同相続人である子が新たに判明した場合について、判例は、「母の死亡による相続について、共同相続人である子の存在が遺産の分割その他の処分後に明らかになったとしても、民法784条但書、910条を類推適用することはできない」(最判昭54・3・23判時923・70) と判示しています。その理由は、民法910条は、取引の安全と被認知者の保護との調整を図る規定ではなく、共同相続人の既得権と被認知者の相続権との調整を図る規定であり、相続人の存在が遺産分割その他の処分後に明らかになった場合については同法条を類推適用することができない、としています。

　本ケースにおいても、Cを除外してなされた遺産分割協議は無効であると考えられますので、A、B、Cの3人で遺産分割協議をやり直すことになります。

2　不動産における第三者との対抗関係

　遺産分割協議が成立し、相続人の一人に対して不動産の所有権移転登記がなされ、その後、離婚無効判決が確定した場合には、遺産分割協議は無効となりますので、所有権移転登記も無効となります。そこで、所有権移転登記を抹消する登記をする必要がありますが、この場合には、不動産を取得した相続人が義務者、不動産を取得した相続人以外の相続人全員を権利者として、申請をすることになります (不登60・77)。

　ところで、相続人の一人に対して不動産の所有権移転登記がなされ、

当該相続人から不動産を取得した第三者がいた場合、遺産分割協議の
やり直しによって不動産を相続した者と第三者との対抗関係が問題と
なります。

　離婚無効判決が確定した場合には、遺産分割協議は無効となります
ので、不動産を取得した相続人は無権利者となり、当該相続人と取引
をした第三者も無権利者となりますので、第三者は、遺産分割協議の
やり直しによって不動産を相続した者との関係では、所有権を取得す
ることができないのが原則です。

　もっとも、上記判例（最判昭54・3・23）が指摘するとおり、民法94条
2項を類推適用し、当該相続人に登記がなされたという外観を信頼し
て取引をした第三者は善意の第三者として保護される可能性がありま
す。

第2章　相続人と遺産の範囲に関する問題　　49

11　遺産分割協議後に一部相続人が相続資格を失った場合

問題がある協議・条項

　被相続人甲の長男である相続人A、長女である相続人B及び養子であるCが、遺産分割協議を行った。その後、養子Cについて養子縁組無効確認訴訟により、Cの養子としての地位は否定された。

【条項例】

> 　被相続人甲の遺産相続につき、被相続人の長男A、長女B及び養子Cが遺産分割協議を行い、次のとおりに遺産分割協議が成立した。
> 　〔省略〕
> 　Cは、被相続人名義の下記預貯金2,000万円を取得した。
> 　〔省略〕

＜問題点＞
・養子としての地位が否定されたにもかかわらず、Cを加えて遺産分割協議を成立させた。

改　善　例

　Cの養子としての地位が否定されたため、改めて被相続人甲の長男である相続人A及び長女である相続人Bが、遺産分割協議を行った。

【改善後の条項例】

> 　被相続人甲の遺産相続につき、被相続人の長男A及び長女Bが遺産分割協議を行い、次のとおりに遺産分割協議が成立した。
> 　A及びBは、被相続人名義の下記預貯金2,000万円を2分の1ずつ取得した。
> 　〔省略〕

解　説

1　遺産分割後の共同相続人の相続資格の否定

　本ケースは、子が3人おり、その3人で遺産分割協議を行っていますが、遺産分割協議後に、共同相続人である養子について養子縁組無効確認訴訟により相続資格を否定された場合を想定しています。この場合に、既に行われた遺産分割の効力については、一部無効説と全部無効説で争いがあります。

　実務上は、相続資格のない者が関わった部分のみを無効とし（一部無効説）、遺産分割を維持することが著しく不当な結果を招き、正義に反するような特段の事情が認められる場合にのみ全部が無効になるとされています。共同相続人の全員が参加して遺産分割を行った以上、直ちに遺産分割の全部の内容に瑕疵があるとはいえないでしょうし、相続資格のない者が取得した遺産を未分割財産として再分割すれば十分と考えるのが遺産分割参加者の通常の意思でしょう。法的安全性や取引安全の観点からも実務上の考え方が妥当と思われます。

2　遺産分割協議の全部無効

　遺産分割の成立後に、共同相続人の中に相続人ではない者がいたことを理由として遺産分割協議の全部無効を主張しようとする者は、まずは、他の相続人全員に対して、遺産分割協議のやり直しを求めることになります。他の相続人全員が遺産分割協議のやり直しに応じてくれたときは、既になされた遺産分割協議は合意解除されたものと考えることが可能です。

　他方、他の相続人との間で遺産分割協議の有効性についての意見が折り合わず、遺産分割協議をやり直すことができない場合は、遺産分割協議の全部無効を主張しようとする者は、遺産分割協議の無効確認

第2章　相続人と遺産の範囲に関する問題　　51

訴訟を提起することになります。

3　相続資格を否定された者が、遺産分割協議により取得した財産を処分してしまった場合

相続資格を否定された者が相続人として参加した遺産分割協議は、上記のとおり、相続資格を否定された者が関わった部分が無効となりますので、相続資格を否定された者が遺産分割によって取得した財産を第三者に譲渡したとしても、これは、無権利者による処分であり、第三者は、原則として、所有権を有効に取得することはできません。

ただし、相続資格を否定された者が処分した財産の種類によっては、以下のように事情が異なります。

（1）　不動産の場合

相続資格を否定された者は、遺産分割によって遺産を有効に取得できないので、遺産分割によって取得した不動産を第三者に売却しても、他人物売買であり、第三者は不動産の所有権を取得することはできません。仮に、第三者が所有権移転登記を備えていたとしても、登記には公信力はないので無効な登記となり、第三者は民法94条2項類推適用により保護されない限り、不動産の所有権を取得できないと解されます。

したがって、相続人らは、第三者に対し、不動産の返還を求め、不動産について再度遺産分割協議をすることになります。

なお、第三者が所有権移転登記の抹消に応じないときは、相続人らは、各自単独で、第三者に対し、所有権移転登記の抹消請求をすることが可能です。

（2）　動産の場合

相続資格を否定された者から動産を譲り受けた第三者は、所有権を取得できないのが原則ですが、第三者が無権利者であることにつき、

善意無過失の場合には即時取得（民192）により有効に所有権を取得できる可能性があります。

　第三者が動産の所有権を有効に取得した場合、動産は遺産から逸脱し、その価額相当分が相続資格を否定された者に対する不法行為に基づく損害賠償請求ないしは不当利得返還請求権となり、特段の事情のない限り、遺産分割の対象となりません。

　したがって、共同相続人らは、自己の相続分について、相続資格を否定された者に対し、不法行為に基づく損害賠償請求ないしは不当利得に基づく返還請求をすることになります。

第2章　相続人と遺産の範囲に関する問題　　53

12　相続人の一部を除外して遺産分割協議書が作成された場合

問題がある協議・条項

　被相続人甲が亡くなり、長男であるA、長女であるB及び次男であるCの3名が相続人である。ところが、A及びBは普段から疎遠であるCを除外して2人だけで遺産分割協議を行うことにした。

【条項例】

> 第○条　〔省略〕
> 　本遺産分割協議の成立を証するため、本協議書2通を作成し、各自1通を保有する。
> 　令和○年○月○日
> 　　　　　　　　　　住所　○○県○○市○○町○丁目○番○号
> 　　　　　　　　　　氏名　A
> 　　　　　　　　　　住所　○○県○○市○○町○丁目○番○号
> 　　　　　　　　　　氏名　B

＜問題点＞

・法定相続人の一部が遺産分割協議から漏れてしまっている。

改善例

　被相続人甲が亡くなり、長男であるA、長女であるB及び次男であるCの3名が相続人である。A及びBは、普段から疎遠であるCを除外して2人だけで遺産分割協議を行おうとしたが、それでは効力が発生しないと考え、Cを含めた法定相続人全員で遺産分割協議を行った。

54 第2章　相続人と遺産の範囲に関する問題

【改善後の条項例】

第○条　〔省略〕

　本遺産分割協議の成立を証するため、本協議書<u>3通</u>を作成し、各自1通を保有する。

　令和○年○月○日

　　　　　　　　　　　住所　○○県○○市○○町○丁目○番○号

　　　　　　　　　　　氏名　A

　　　　　　　　　　　住所　○○県○○市○○町○丁目○番○号

　　　　　　　　　　　氏名　B

　　　　　　　　　　　<u>住所　○○県○○市○○町○丁目○番○号</u>

　　　　　　　　　　　<u>氏名　C</u>

解　説

1　共同相続人の一部が遺産分割協議に参加しなかった場合の効力

　遺産分割は、共同相続人全員が参加して、協議がなされなければならず、一人でも共同相続人が参加せずに（除外されて）なされた遺産分割協議に効力は認められません。

　相続人であるか否かは、被相続人の戸籍から判断します。被相続人の出生から死亡までの間の戸籍類一式を入手して法定相続人が誰であるかを確認する必要があります。

　相続人であるか否かに争いがある場合には、訴訟手続によって相続人であること（ないこと）を確定し、戸籍上明らかにしてから遺産分割協議をする必要があります。

　ここで、遺産分割協議に法定相続人が参加していなかった場合でも、

第2章　相続人と遺産の範囲に関する問題　　55

後で当該法定相続人が、自ら参加していなかった遺産分割協議を有効にしてもよいと考えた場合に、遡って遺産分割協議を有効にすることができるかが問題となりますが、結論としては、遺産分割協議を有効にすることはできません。

したがって、除外された法定相続人が、後で遺産分割の効力を争わない意向を明らかにした場合でも、改めて共同相続人全員で遺産分割協議をする必要があるものと考えられます。

このように、遺産分割協議をする際には、相続人全員を確定させて全員で遺産分割協議を行うことが非常に重要となります。

2　共同相続人の一部を除外して行われた遺産分割協議に基づいて取得した財産を、相続人の一部が処分してしまった場合

（1）　総　論

1で記載したとおり、既に行われた遺産分割協議であっても、一部の共同相続人を除外して行われたものであれば無効となります。あくまで、当該共同相続人も入れて改めて遺産分割協議をやり直す必要があります。

（2）　不動産の場合

不動産の場合に、既になされた遺産分割協議を有効であると考え、それを前提に不動産を処分している可能性があります。なお、不動産の場合は、相続登記をする際に法務局に相続人関係資料を併せて提出するために、共同相続人の一部を除外して行われた遺産分割協議であることを法務局が確認するため、不動産の移転登記が認められるケースは考え難いです。

（3）　動産の場合

動産の場合に、既になされた遺産分割協議を有効であると考え、それを前提に動産を処分している可能性があります。

動産の場合には、不動産の場合に法務局が確認してくれるようなことも期待できないことが多く、遺産分割協議が有効と信じて取引に参加した第三者を保護する必要があります。

そこで、第三者保護の要請の観点から、即時取得（民192）により第三者が保護される可能性があります。即時取得とは、「じつはＡの所有に属する動産をそれと知らずにＢからＣが譲り受けようとする場合に、その動産に対する譲渡人Ｂの占有を信用して、その物について取引をした者、すなわちＣを保護しようとする制度」です（我妻榮ほか『我妻・有泉コンメンタール民法〔第7版〕』418頁（日本評論社、2021））。

仮に、第三者が即時取得により保護された場合、遺産分割協議から除外された相続人は、当該第三者に対し動産を返還するように求めることはできなくなります。この場合、除外された相続人は、動産を処分してしまった共同相続人に対し、損害賠償請求（民709）又は不当利得返還請求（民703・704）をすることで損害回復することになります。

第2章　相続人と遺産の範囲に関する問題　　57

13　法定相続人の中に自筆証書遺言を隠匿している者がいた場合

問題がある協議・条項

　被相続人甲の長男である相続人A、長女である相続人B及び次女である相続人Cは、遺言がないことを前提に遺産分割協議を成立させたが、Bが自筆証書遺言を隠匿していたことが判明した。

【条項例】

> 　被相続人甲の遺産相続につき、被相続人の長男Aと被相続人の長女Bと被相続人の次女Cが遺産分割協議を行い、次のとおりに遺産分割の協議が成立した。

＜問題点＞

・遺産分割協議成立後にBが自筆証書遺言を隠匿していたことが判明し、Bが相続する権利を失った場合には、再度、遺産分割協議を行う必要がある。

改善例

　被相続人甲の長男であるA、自筆証書遺言を隠匿したことにより相続権を失った長女であるBの代襲相続人となった子D及びE、次女であるCは、再度、遺産分割協議を行った。

【改善後の条項例】

> 　被相続人甲の遺産相続につき、被相続人の長男Aと被相続人の長女Bの子D及びEと被相続人の次女Cが遺産分割協議を行い、次のとおりに遺産分割の協議が成立した。

58 第2章 相続人と遺産の範囲に関する問題

解　説

1　相続人の欠格事由

　相続欠格とは、相続人に相続秩序を乱すような行為があった場合に、相続権（相続人の地位）を失わせる制度です。

　欠格事由は、民法891条1号から5号に規定されています。

① 　故意に被相続人又は相続について先順位若しくは同順位にある者を死亡するに至らせ、又は至らせようとしたために、刑に処せられた者

② 　被相続人の殺害されたことを知って、これを告発せず、又は告訴しなかった者。ただし、その者に是非の弁別がないとき、又は殺害者が自己の配偶者若しくは直系血族であったときは、この限りでない。

③ 　詐欺又は強迫によって、被相続人が相続に関する遺言をし、撤回し、取り消し、又は変更することを妨げた者

④ 　詐欺又は強迫によって、被相続人に相続に関する遺言をさせ、撤回させ、取り消させ、又は変更させた者

⑤ 　相続に関する被相続人の遺言書を偽造し、変造し、破棄し、又は隠匿した者

2　欠格事由の効果

　相続欠格の効果は、法律上当然に相続権（相続人の地位）を失うことになりますので、相続欠格者は、被相続人の財産の一切（債務を含みます。）を相続しなかったことになります。

第2章　相続人と遺産の範囲に関する問題　　　59

3　欠格事由の例外

　形式上は欠格事由に当たるとしても、被相続人の了解を得た場合や、相続に関して不当な利益を目的とするものでない場合には、欠格事由にはならないと考えられています。

　この点、判例は、民法891条5号について、「同条5号の趣旨は遺言に関し著しく不当な干渉行為をした相続人に対して相続人の資格を失わせるという民事上の制裁を課そうとするところにあるが（最判昭56・4・3判時1006・46参照）、遺言書の破棄又は隠匿行為が相続に関して不当な利益を目的とするものでなかったときは、これを遺言に関する著しく不当な干渉行為ということはできず、このような行為をした者に相続人となる資格を失わせるという厳しい制裁を課することは、同条5号の趣旨に沿わないからである。」と判示しています（最判平9・1・28判時1594・53）。

4　欠格事由が認められた場合の代襲相続

　相続人に欠格事由が認められる場合には、その相続人は相続権を失いますが、欠格事由が認められた相続人に子がいる場合には、子が代襲して相続人となります（民887②）。

　また、民法887条3項には再代襲も規定されていますので、代襲者に欠格事由が認められる場合には、代襲者の子が相続人となります。

　本ケースでは、Bには自筆証書遺言を隠匿していたという欠格事由がありますので、Bの子であるD及びEがBを代襲して相続することになります。

5　共同相続人が他の相続人の欠格事由の存否を争う方法

　ある相続人が、相続権があると主張している場合に、共同相続人が

その相続人の相続権を争う方法としては、以下の2つの方法が考えられます。

（1）　相続権不存在確認の訴え

請求の趣旨には、「相続権を有しないことを確認する。」と記載することになります。

（2）　相続人の地位不存在確認の訴え

請求の趣旨には、「相続人の地位を有しないことを確認する。」と記載することになります。

第2章　相続人と遺産の範囲に関する問題　　61

14　不在者財産管理人と相続人との間で遺産分割協議が成立した後に不在者が現れた場合

問題がある協議・条項

　被相続人甲の次男Cが行方不明であったため、Cの不在者財産管理人を選任し、不在者財産管理人、長男A、長女Bとの間で遺産分割協議を成立させた。

【条項例】

　被相続人甲の遺産相続につき、被相続人の長男Aと被相続人の長女B及び被相続人の次男Cの不在者財産管理人が遺産分割協議を行い、次のとおりに遺産分割の協議が成立した。

＜問題点＞

・不在者財産管理人と相続人との間で遺産分割協議が成立した後に不在者が現れた場合について記載していない。

改善例

　遺産分割協議成立後に不在者が現れた場合には、不在者財産管理人は不在者に対し、遺産分割協議によって取得した財産を引き渡す旨の条項を入れた。

【改善後の条項例】

　被相続人甲の遺産相続につき、被相続人の長男Aと被相続人の長女B及び被相続人の次男Cの不在者財産管理人が遺産分割協議を行い、次のとおりに遺産分割の協議が成立した。

第○条　遺産分割協議成立後に不在者が現れた場合には、不在者
　　財産管理人は、遺産分割協議によって取得した財産を不在者に
　　引き渡すものとする。

解　説

1　不在者財産管理人

　不在者財産管理人とは、行方不明で連絡が取れない人（不在者）の
財産を、本人に代わって管理する人をいいます。行方不明の相続人が
いる場合には、当該相続人の不在者財産管理人を選任し、不在者財産
管理人が不在者の代わりに遺産分割協議に参加して、遺産分割協議を
成立させる必要があります。

　不在者財産管理人の選任方法については、ケース44を参照してくだ
さい。

　例えば、相続人の一人が海外にいる場合、当該相続人の海外の住所
及び連絡先が不明で、国内に財産管理を任された者がいない場合にも、
不在者財産管理人を選任する必要があります。

　また、遺産分割協議がまとまらない場合には遺産分割調停の申立て
を行うことになりますが、この調停における当事者も不在者財産管理
人となります。

2　遺産分割協議は裁判所の許可事項であること

　不在者財産管理人は、保存行為及び管理行為（民103）の行為のみを
することができます（民28）。したがって、不在者財産管理人が他の法
定相続人との間で遺産分割協議を行う場合、遺産分割協議は保存行為
及び管理行為以外の行為となりますので、権限外として裁判所の許可
が必要となります（民28）。

第2章　相続人と遺産の範囲に関する問題　　63

　そして、不在者財産管理人は不在者の利益を損なう行為をすることができないので、不在者は法定相続分を取得することが原則となり、法定相続分を下回る遺産分割協議は裁判所の許可が下りないものと考えられます。

3　不在者が現れた場合の遺産分割協議の有効性

　不在者財産管理人と法定相続人との間で遺産分割協議が成立した後に不在者が現れた場合、遺産分割協議は有効でしょうか。

　この点、裁判所の許可を得て遺産分割協議が成立した以上、当該遺産分割協議は有効であると考えられます。

　本ケースでは、不在者財産管理人が裁判所の許可を得て、A及びBとの間で遺産分割協議を成立させている場合には、遺産分割協議は有効となります。

4　不在者財産管理人は、不在者に財産を渡して終了する

　遺産分割協議が成立した後に不在者が現れた場合、不在者財産管理人は不在者に対して財産を引き継ぎ、不在者財産管理人の職務を終了することになります。

　そのため、【改善後の条項例】ように、「遺産分割協議成立後に不在者が現れた場合には、不在者財産管理人は遺産分割協議によって取得した財産を不在者に引き渡す」旨の条項を入れておき、取扱いを明確にしておく方がよいでしょう。

64   第2章　相続人と遺産の範囲に関する問題

15　使途不明金がある場合

問題がある協議・条項

　被相続人が死亡し、相続人は子A、Bのみである。被相続人の遺産は預金のみである。被相続人は晩年、寝たきりとなり、その面倒をAが見ていた。Aは被相続人から、被相続人の生活に必要な支出をするために、被相続人名義の預金の通帳とキャッシュカードを預かっていた。

　被相続人死亡時の同預金の残高は1,000万円であったが、通帳には、被相続人が死亡する約1か月前に、複数回にわたって合計2,000万円が引き出された形跡があり、通帳やキャッシュカードの管理状況から、Aが引き出したことが確実と考えられた。

　A及びBは、被相続人死亡時の残高である1,000万円を法定相続分（各1／2）に応じて分割することとし、以下のとおり遺産分割協議が成立した。

【条項例】

> 第○条　被相続人の遺産である下記預金債権について、Aが500
> 　　　万円、Bが500万円をそれぞれ取得する。
> 　〔省略〕

＜問題点＞

・Aが被相続人の生前に引き出した金銭（使途不明金）を考慮せずに遺産分割協議がなされている。

第２章　相続人と遺産の範囲に関する問題　　65

改 善 例

　ＢはＡに対し、被相続人名義の預金から合計2,000万円が引き出されていることを指摘したところ、Ａは、自ら2,000万円を引き出し、全て自己のために費消したことを認めた。ＢはＡによる引き出しがなければ、遺産として3,000万円の預金が存在し、法定相続分（1／2）に従い、1,500万円を取得できたはずであると主張し、Ａもこれに応じたため、以下の内容で遺産分割協議が成立した。

【改善後の条項例】

> 第〇条　被相続人の遺産である下記預金債権について、Ｂが
> 　　1,000万円を取得する。
> 〔省略〕
> 第〇条　ＡはＢに対し、本件解決金として、500万円の支払義務が
> 　　あることを認め、令和〇年〇月〇日限り、Ｂの指定する下記口
> 　　座に振り込んで支払う。振込手数料はＡの負担とする。

解 説

1　使途不明金

　被相続人の生前に、相続人が被相続人に無断で、被相続人名義の預金口座から金銭を引き出して取得した場合、当該相続人は被相続人に対し、不当利得（民703）又は不法行為（民709）を理由として、取得した金銭を返還又は賠償する義務を負います。このように、相続人が被相続人の財産（遺産）を処分した場合、これを遺産分割においてどのように処理すべきかが問題となり、一般的に、使途不明金問題と呼ばれます。

2 使途不明金の法的性質

遺産分割の対象となるのは、被相続人が死亡時に有していた財産に限られますので、今回のケースのように、被相続人の生前に預金が引き出され、死亡時には残高が減少していたとしても、あくまでも死亡時の残高（1,000万円）を基準として遺産分割を行うこととなります。

また、前記のとおり、使途不明金の問題を法的に整理すると、被相続人が預金を引き出した相続人に対し、金銭債権（不当利得返還請求権、不法行為に基づく損害賠償請求権）を有しているということになります。そして、金銭債権は可分債権ですので、相続開始と同時に法定相続分に従って当然分割され、遺産分割の対象になりません。

本ケースに即していえば、仮に、Aによる2,000万円の引き出しが、被相続人に無断で行われていたのであれば、被相続人がAに対し、2,000万円の返還（又は損害賠償）を求めることができる債権を有していたことになります。そして、この債権は、遺産分割手続を経ることなく、当然にA及びBが法定相続分に従って1,000万円ずつ取得することになります。その結果、BはAに対して1,000万円の債権を取得します。Aについては、相続により同一の債権について、債権者でもあり債務者でもあるという状態に陥りますので、混同（民520）により、Aが相続した債権は消滅します。

3 遺産分割協議における使途不明金問題の解決方法

このように、法律上、使途不明金については、遺産分割の対象にはならず、単にBがAに対する債権を有するという、遺産分割とは別個の問題となります。

もっとも、全相続人が合意するのであれば、遺産分割協議の中で、使途不明金についても解決することは可能です。紛争を抜本的に解決するためにも、可能な限り、使途不明金について遺産分割協議におい

第2章 相続人と遺産の範囲に関する問題 67

て解決しておくべきでしょう。

改善例 では、Bが被相続人死亡時点の残高である1,000万円全額を取得した上、Aから500万円を支払ってもらう内容とすることで、Aによる2,000万円の引き出しがなかった場合と同じ金額（1,500万円）をBが取得できることとなっています。

4 裁判手続における使途不明金問題の解決方法

しかし、使途不明金の存在を疑われているAのような立場の相続人が、常に正直に使途不明金の存在を認めるとは限らず、「引き出したお金は、全て被相続人のために使った。返す必要はない」などと主張して争ってくることも容易に想定されます。

この場合、遺産分割協議は決裂し、使途不明金を疑うBの立場からすれば、裁判で決着を付けたいと考えるかもしれません。この点、遺産分割調停においては、使途不明金は以下のように扱われます（片岡武＝管野眞一『家庭裁判所における遺産分割・遺留分の実務〔第4版〕』77頁（日本加除出版、2021））。

なお、本ケースは相続開始前に被相続人の財産が処分されていた場合を想定していますが、以下では、そのような場合に加え、相続開始後に遺産に属する財産が処分されていた場合も含めて説明します。

（1） 使途不明金の存在が判明しなかった場合

この場合、調停において使途不明金は存在しないものとして扱われます。使途不明金の存在を主張する相続人としては、民事訴訟での解決を図るしかありません。

（2） 使途不明金の存在が判明した場合

　ア　相続開始前に処分が行われた場合

　　（ア）　被相続人に贈与の意思があった場合

使途不明金が、実は被相続人が生前に相続人に対して贈与していた

金銭であることが判明したような場合です。この場合、被相続人の意思に基づくものですので、前述の不法行為、不当利得の問題にはなりませんが、別途、特別受益（民903）の問題として扱われることとなります。

（イ）　被相続人に無断で処分が行われた場合

前記2のとおり、この場合には、相続人間の損害賠償請求等の問題となるため、基本的には訴訟での解決が図られることになります。しかし、当該財産処分を行った相続人を含む相続人全員が同意するのであれば、調停において使途不明金の点を含めた解決も可能です。

イ　相続開始後に処分が行われた場合

この場合において、遺産を処分した相続人以外の相続人全員の同意があれば、処分された財産についても遺産に属するものとして扱うことができます（民906の2）。

5　使途不明金の見付け方等

使途不明金の存在を疑う相続人Bが使途不明金の有無を調査する方法として、被相続人の預金の取引履歴（入出金、送金等の履歴）を金融機関から取得することが考えられます（金融機関によりますが、発行手数料を要するのが通常です。）。

取引履歴上、被相続人の生前の生活状況に見合わない出金や送金があれば、使途不明金の存在が疑われます。

また、例えば、被相続人が生前に入所していた施設や入通院していた医療機関等に問い合わせ、施設利用料や医療費の金額を確認することができれば、生前の出金、送金が相当な範囲内の金額であるかについても、めどを付けることができます。

第2章　相続人と遺産の範囲に関する問題　　69

16　名義預金が存在する場合

問題がある協議・条項

　被相続人甲が亡くなり、長男であるAと長女であるBが相続人である。被相続人甲は、相続人B名義で預金を有していたが、相続人Aと相続人Bは、当該B名義の預金が甲の遺産に含まれるものとは認識せず、あくまで甲名義の預金だけを対象に遺産分割協議を行った。

【条項例】

第○条　Aは、甲名義の下記預金債権を取得する。

記

　〔省略〕

第○条　Bは、甲名義の下記不動産を取得する。

記

　〔省略〕

＜問題点＞

・名義預金債権が遺産に含まれることを明確化していない。

改善例

　被相続人甲が亡くなり、長男であるAと長女であるBが相続人である。被相続人甲は、相続人B名義で預金を有していたが、相続人Aと相続人Bは、当該B名義の預金が甲の遺産に含まれるものであることを認識し、当該B名義の預金も甲の遺産に含まれる前提で遺産分割協議を行った。

70　　第2章　相続人と遺産の範囲に関する問題

【改善後の条項例】

第○条　Aは、甲名義の下記預金債権を取得する。

記

〔省略〕

第○条　Aは、B名義の下記預金債権を取得する。

記

〔省略〕

第○条　Bは、甲名義の下記不動産を取得する。

記

〔省略〕

解　　説

1　名義預金の帰属

（1）　名義預金

被相続人以外の名義になっていても、被相続人が実質的に所有者といえる預貯金については、一般的に「名義預金」と呼ばれています。名義預金に関しては、被相続人の遺産として遺産分割協議の対象になり、また、相続税申告の対象にもなります。

預金者の判断基準に関しては、説が対立していますが、裁判所は無記名定期預金に関して、預入行為者が出捐者の金銭を横領し、自己の預金とする意図を有していた場合などの特段の事情のない限り、無記名定期預金の原資となる資金の出捐者が預金者であると認めるべきとして、客観説（自己の出捐により自己の預金とする意思で銀行に対して本人自ら又は使者、代理人を通じて預金契約をした者を預金者とする立場）を採用しました（最判昭32・12・19民集11・13・2278）。

第2章　相続人と遺産の範囲に関する問題　　71

（2）　遺産分割の際の留意点

　被相続人名義の預貯金ではなく、第三者名義の預貯金であるが出捐者が被相続人である場合、被相続人名義でないという理由だけで遺産から外れることにはなりません。

　課税処分庁と納税者との間の係争に関し、裁判所は①当該財産又はその購入原資の出捐者、②当該財産の管理及び運用の状況、③当該財産から生ずる利益の帰属者との関係、④被相続人と当該財産の名義人並びに当該財産の管理及び運用する者との関係、⑤当該財産の名義人がその名義を有することになった経緯等を総合考慮して判断するのが相当である旨判断しています（東京地判平20・10・17税資258（順号11053））。そして、この判断基準は、預金が遺産となるか否かの判断基準としても大いに参考にできるとされています（本橋総合法律事務所編『法律家のための相続預貯金をめぐる実務』126頁（新日本法規出版、2019））。

（3）　名義預金が遺産に該当するか争いがある場合

　実際の遺産分割協議の中で、預金が名義預金であるのか、名義人である相続人又は第三者の預貯金であるのか、争いが生じるケースがあります。

　相続人間で(2)の判断基準に基づいて遺産該当性について合意ができればよいですが、合意できない場合には、遺産分割協議・調停・審判の前提として、当該預貯金が遺産であるか否かを決めるため、遺産確認訴訟を提起する必要が出てきます。

　そして、遺産確認訴訟の中では、当該預金が被相続人の遺産であることを主張する側の者が、当該財産がもと被相続人の所有に属したことを主張立証する必要があります（雨宮則夫＝石田敏明編『遺産相続訴訟の実務』165頁（新日本法規出版、2001））。具体的には、被相続人の遺産であると主張する相続人が、預貯金の資金の出捐状況、その後の管理状況等を主張立証することになります（本橋総合法律事務所・前掲133頁）。

この点、従前は預貯金債権は可分債権であり、可分債権は被相続人の死亡と同時に当然に共同相続人に分割されるため、預貯金債権が遺産分割の対象であるか否かの確認を求める訴訟は、確認の利益がなく、訴えは却下される裁判例もありました（高松高判平18・6・6判時2015・60）。

しかしながら、ケース31で記載したとおり、預貯金については遺産分割の対象となるという判例変更が平成28年になされました。

その結果、預貯金の帰属について、被相続人が所有していたいわゆる名義預金であるのか、名義人たる相続人あるいは第三者の預貯金であるのか争いがある場合には、遺産分割の前提として、遺産確認訴訟の訴えの利益が十分にあるものと解されています（本橋総合法律事務所・前掲134頁）。

第2章　相続人と遺産の範囲に関する問題　　73

17　遺産分割協議成立後に新たな財産が判明した場合

問題がある協議・条項

　被相続人甲の長男である相続人A及び長女である相続人Bがそれぞれ遺産を取得することで合意した。

【条項例】

> 　被相続人甲の遺産相続につき、被相続人の長男Aと被相続人の長女Bが遺産分割協議を行い、下記のとおりに遺産分割の協議が成立した。
> 記
> 〔省略〕

＜問題点＞

・遺産分割協議成立後に、遺産分割協議書に記載がない新たな財産が判明したときの対処方法が定められていない。

改善例

　被相続人甲の長男である相続人A及び長女である相続人Bがそれぞれ遺産を取得し、本遺産分割協議成立後に、遺産分割協議書に記載のない財産が新たに判明した場合、法定相続分に従い取得することとした。

【改善後の条項例】

> 　被相続人甲の遺産相続につき、被相続人の長男Aと被相続人の長女Bが遺産分割協議を行い、下記のとおりに遺産分割の協議が成立した。

74　　第2章　相続人と遺産の範囲に関する問題

記

〔省略〕

第○条　遺産分割協議書に記載のない財産が判明した場合には、
　　　A及びBは法定相続分に従い2分の1ずつを取得するものとす
　　　る。

解　説

1　被相続人の全ての財産を把握することの難しさ

　被相続人が亡くなった場合、被相続人自身が全ての財産を把握して
いることはまれです。また、仮に、被相続人が全ての財産を把握して
いる場合であっても、相続人に対して引継ぎを行っていることはほと
んどありません。

　そのため、ほとんどの場合、被相続人が亡くなってから初めて被相
続人の財産を調査することになります。ところが、相続税の申告書の
提出期限は「相続の開始があったことを知った日の翌日から10月以内」
（相税27①）と定められているため、限られた期間で財産を把握しなけ
ればならないことになります。

　通常の場合、被相続人が死亡した日と死亡したことを知った日は近
接しているので、被相続人が死亡してから10か月以内に全ての財産を
把握しなければならないことになりますが、上記のとおり財産の把握
には時間がかかるため、遺産分割協議成立後に新たな財産が判明する
という事態が生じてしまうのです。

2 新たな財産が判明した場合の遺産分割協議書の効力

それでは、遺産分割協議書に記載のない財産が判明した場合の遺産分割協議書の効力はどうなるでしょうか。基本的には、遺産分割協議書に記載のない財産が判明した場合であっても遺産分割協議書は有効であり、遺産分割協議を初めからやり直す必要はありません。この場合には、新たに判明した財産についてのみ分割方法を決めて、別途、遺産分割協議書を作成すればよいことになります。

もっとも、新たな財産が判明した場合に、別途、遺産分割協議書を作成して対応していく場合、新たな財産が一度に判明すればよいですが、異なる時期に発見された場合には、その都度、遺産分割協議書を作成しなければならないことになり、手続が煩雑になるというデメリットがあります。また、新たな財産が判明する度に分割方法を決めなければならないとすると、分割方法で揉めるリスクがあります。

3 あらかじめ新たな財産が判明した場合に備える条項を入れておくこと

そこで、【改善後の条項例】のように、遺産分割協議書に記載のない財産が新たに判明した場合に備えて、法定相続分に従い取得する旨の条項を入れておくとよいでしょう。

4 新たに発見された財産が非常に重要な内容の場合

新たに発見された財産が非常に重要な内容であり、遺産分割協議書を作成したことに意味がなくなってしまう場合には、遺産分割協議書を作成し直す必要性が生じることもあります。この場合には、遺産分割協議を初めからやり直さなければならないことも考えられます。

もっとも、【改善後の条項例】のように、遺産分割協議書に記載のな

い財産が新たに判明した場合に備えて、法定相続分に従い取得する旨の条項を入れておけば、不公平感はある程度払拭できます。また、当該条項を入れておくことで、初めから遺産分割協議をやり直そうとすることを心理的に抑制することができるので、紛争を予防する効果が期待できます。

5　その他の条項例

新たに財産が発見された場合の別の条項例としては、以下のようなものが考えられます。

第〇条　遺産分割協議書に記載のない不動産が判明した場合には、A及びBは当該不動産を売却し、その売却代金から売却に要する一切の費用を控除した残額を、法定相続分に従い2分の1ずつ取得するものとする。

本ケースにおいて、不動産を法定相続分に従い2分の1ずつ取得した場合、不動産は持分2分の1ずつの共有名義になってしまいます。不動産が共有名義になった場合、不動産の固定資産税の納付書は代表者に届くことになりますが、実際には持分に応じて固定資産税を支払う必要がありますので、代表者が代わりに全額を支払い、その後に共有名義人に対して固定資産税を請求しなければならないなど、遺産分割協議が成立した後に不都合が生じることが考えられます。

そこで、不動産が共有名義になることを回避するために、不動産の売却代金を取得する旨を定めておくようにするとよいでしょう。

第2章　相続人と遺産の範囲に関する問題　　77

18　法定相続分を超える権利を取得した場合

問題がある協議・条項

　被相続人甲の長男Aと被相続人甲の長女Bは、Bが単独で被相続人甲の第三者Xに対する損害賠償請求権を取得することで合意した。

【条項例】

> 　被相続人甲の遺産相続につき、被相続人の長男Aと被相続人の長女Bが遺産分割協議を行い、次のとおりに遺産分割の協議が成立した。
> 第〇条　Bは、甲のXに対する下記損害賠償請求権〇円を取得するものとする。
> 　〔省略〕

＜問題点＞

・Bは、遺産分割協議書で合意したのみでは、法定相続分を超える損害賠償請求権についてXに対抗することができない。

改善例

　Bが法定相続分を超える損害賠償請求権を取得したことについて、全員で通知を送る旨の条項を追加した。

【改善後の条項例】

> 　被相続人甲の遺産相続につき、被相続人の長男Aと被相続人の長女B、Cが遺産分割協議を行い、次のとおりに遺産分割の協議が成立した。

第２章　相続人と遺産の範囲に関する問題

第〇条　Ｂは、甲のＸに対する下記損害賠償請求権〇円を取得するものとする。

　〔省略〕

第〇条　Ａ、Ｂ及びＣは、Ｂが甲のＸに対する損害賠償請求権を取得したことについて、Ｘに対して通知を行うものとする。

解　説

1　民法909条

　民法909条は、「遺産の分割は、相続開始の時にさかのぼってその効力を生ずる。ただし、第三者の権利を害することはできない。」と規定しており、遺産分割の効力は相続開始の時に遡りますが、第三者の権利を害することはできないことになっています。

　そして、民法909条ただし書に基づいて保護される第三者は、処分者の持分処分権の有無に関する善意・悪意は問わないとされています。

　 問題がある協議・条項 では、ＢはＸに対して、法定相続分を超える損害賠償請求権を取得しています。しかし、遺産分割協議書に記載しただけでは、ＢはＸに対して、法定相続分を超える部分について、対抗することができません。

2　法定相続分を超える部分を第三者に対抗する方法

　民法899条の２第１項は、「相続による権利の承継は、遺産の分割によるものかどうかにかかわらず、次条及び第901条の規定により算定した相続分を超える部分については、登記、登録その他の対抗要件を備えなければ、第三者に対抗することができない。」と規定しています。

　 問題がある協議・条項 において、1で記載のとおり、Ｂは法定相

第2章　相続人と遺産の範囲に関する問題　　79

続分を超える部分の損害賠償請求権については、このままではXに対抗することができません。そこで、債権譲渡の対抗要件（民467）である共同相続人全員からXに対する通知又はXの承諾を得ることが必要になると考えられます。

遺産分割協議の時点では、第三者に対する対抗要件のことを考えて遺産分割協議書を作成することはまれであるため、遺産分割協議成立後にXに通知をすることになるのが通常であると思われます。しかし、遺産分割協議成立後では、他の共同相続人の協力を得ることは容易ではなく、Xが承諾しなければ、Bは法定相続分を超える部分の損害賠償請求権について、対抗要件を備えることができなくなってしまう可能性があります。

この点、2019年7月1日以降に発生した相続には民法899条の2第2項が適用されるので、共同相続人全員の協力を得ることができない場合でも、一人で通知を行うことができるようになりました。具体的には、同項は、「前項の権利が債権である場合において、次条及び第901条の規定により算定した相続分を超えて当該債権を承継した共同相続人が当該債権に係る遺言の内容（遺産の分割により当該債権を承継した場合にあっては、当該債権に係る遺産の分割の内容）を明らかにして債務者にその承継の通知をしたときは、共同相続人の全員が債務者に通知をしたものとみなして、同項の規定を適用する。」と規定しています。したがって、改善例において、BはA及びCの協力を得ることができない場合であっても、Bが遺産分割の内容を明らかにしてXにその承継を通知することにより、法定相続分を超える権利についてもXに主張することができます。

なお、【改善後の条項例】では、共同相続人全員であるA、B及びCからXに対する通知を忘れないために、遺産分割協議書においても、

通知をする旨を記載しています。

　以上のとおり、民法899条の2第2項によって、共同相続人の協力が得られない場合でも、Bは単独で、遺産分割の内容を明らかにしてXに通知をすることにより、共同相続人の全員がXに対して通知をしたものとみなされることになりました。

　しかし、第三者に対する対抗要件を備えることを忘れないようにするためにも、事実上の対策として、共同相続人の全員から第三者に対して通知を行うことについては、遺産分割協議書に記載しておく方がよいでしょう。

第 3 章

遺産分割の方法・財産に
関する問題

82

第3章　遺産分割の方法・財産に関する問題　　83

19　配偶者居住権を取得させる場合

問題がある協議・条項

　相続人Ａが遺産である不動産を取得した上で、相続人Ｂに配偶者居住権を設定することで合意した。

【条項例】

　第〇条　相続人Ａは、下記不動産を取得する。

記

　　【土地】　〔省略〕

　　【建物】　〔省略〕

　2　相続人Ｂは、前項の建物につき、配偶者居住権を取得する。

＜問題点＞

・配偶者居住権の登記申請について定められていない。

・配偶者居住権の期間が定められていない。

・配偶者居住権の評価額が定められていない。

改善例

　相続人Ａが不動産を取得した上で、相続人Ｂに配偶者居住権を設定することとし、配偶者居住権の期間や評価額、登記申請の手続についても合意し、遺産分割協議書に記載した。

【改善後の条項例】

　第〇条　相続人Ａは、下記不動産を取得する。

記

　　【土地】　〔省略〕

　　【建物】　〔省略〕

84 第3章 遺産分割の方法・財産に関する問題

2 相続人Bは、前項の建物につき、配偶者居住権を取得し、相続人Aは、相続人Bと共同でその設定登記を申請する。
3 前項の配偶者居住権の存続期間は令和〇年〇月〇日から令和〇年〇月〇日までとする。
4 相続人Aと相続人Bは、第1項の建物について、分割時の評価が次のとおりであることを合意する。
（1） 配偶者居住権付所有権の合計評価額　　〇〇万円
（2） 配偶者居住権（存続期間：〇年）の評価額　〇〇万円

解　説

1　配偶者居住権新設の背景

　改正前民法の下では、被相続人の配偶者が継続して居住建物に住み続けたい場合、一般的には敷地建物の所有権を相続により取得することになりますが、そうすると敷地建物の評価額が高くなることが多く、その余の財産（預貯金等）の相続分が減ってしまい、以後の生活に支障を来すという問題がありました。また、居住建物を他の相続人が取得する場合には、配偶者は当該相続人との間で賃貸借契約を締結し、賃料を負担しなければならないという問題もありました。

　そこで、相続法改正により、新たに配偶者居住権という法定の債権を定め、配偶者が居住建物に引き続き住み続けることを容易にする制度が新設されました。

2　配偶者居住権の成立要件

　配偶者居住権は、①配偶者が相続開始のときに遺産である建物に居住していたこと、②当該建物が、被相続人の単独所有あるいは配偶者

第３章　遺産分割の方法・財産に関する問題　　85

と２人の共有にかかるものであること、③当該建物について、配偶者
に配偶者居住権を取得させる旨の遺産分割（協議又は審判）、遺贈又は
死因贈与がされたこと、の３要件を満たす場合に認められます。

3　配偶者居住権の評価

　配偶者が、遺産分割によって配偶者居住権を取得する場合には、そ
の財産的価値に相当する金額を取得することになり、その価値に相当
する分だけ、他の遺産から取得できる分は減少することになりますの
で、配偶者居住権の財産評価は重要です。

　そのため、遺産分割の結果、配偶者が配偶者居住権を取得する場合、
遅くとも具体的な分割方法を決めるときまでに配偶者居住権の評価額
を確定しておく必要があります。そして、配偶者居住権の評価額につ
いて相続人間で合意に至った場合は、評価額を明確にするために遺産
分割協議書に記載をしておくことが望ましいです。

　配偶者居住権の評価方法については、条文として規定されていませ
んが、鑑定を行う場合は別として、共同相続人間で評価の合意をしよ
うとする際には、以下の計算方法によることが相当と考えられていま
す。

＜計算式＞

> 配偶者居住権の価額＝①建物・敷地の現在価額（固定資産税評価額）－
> ②配偶者居住権付所有権の価額（負担付建物所有権＋負担付土地所有権
> 等）

　このうち、②の負担付建物所有権の価額は、「固定資産税評価額×（法
定耐用年数－経過年数－配偶者居住権の存続年数）／（法定耐用年数
－経過年数）×ライプニッツ係数」の式で算出され、②の負担付土地
所有権等の価額は、「固定資産税評価額又は時価×ライプニッツ係数」
の式で算出されます。

4　配偶者居住権の存続期間

　配偶者居住権は、存続期間を定めない場合は、配偶者が死亡するまでの間存続することになります（民1036・597）が、配偶者居住権の価額を評価する際に、存続期間が影響してきます（存続期間が長い方が評価額は上がります。）ので、配偶者が他の遺産から取得できる分を考慮した上で存続期間を検討することが重要になります。

　他方で、配偶者居住権の存続期間を定めた場合は、当該期間の満了により、配偶者居住権は消滅し、延長や更新を認めることはできないと考えられていますので、配偶者が相続開始後にどのくらい居住することになるのかを想定した上で決定することが重要です。

5　配偶者居住権の設定登記

　配偶者が配偶者居住権を第三者に対抗するためには、配偶者居住権の設定登記をする必要があります（民1031②・605）。この設定登記は、建物所有者と配偶者とが共同で申請することとなっていますので、遺産分割協議書にもその旨を記載しておくのが望ましいです。設定登記については、ケース20を参照してください。

第3章　遺産分割の方法・財産に関する問題　　87

20　配偶者居住権を得た相続人が第三者に使用収益させたい場合

問題がある協議・条項

　被相続人の長男であるＡと被相続人の配偶者であるＢが遺産分割をする際に、Ａが建物を相続するものの、Ｂに対し配偶者居住権を取得させる内容の遺産分割協議を行った。

　ただし、Ｂとしてはその後も当該建物に居住するか、他の場所に自らは居住して当該建物を第三者に貸すか決めていなかったが、そのことをＡに伝えずに遺産分割協議をした。また、配偶者居住権の第三者対抗要件として登記が必要であることを知らず、登記に関する条項を入れなかった。

【条項例】

第○条　相続人Ａは、下記不動産を取得する。
　　　　　　　　　　　　記
　〔省略〕
2　相続人Ｂは、前項の建物につき、存続期間を令和○年○月○日から令和○年○月○日までとする配偶者居住権を取得する。
3　相続人Ａと相続人Ｂは、第１項の建物について、分割時の評価が次のとおりであることを合意する。
　（1）　配偶者居住権付所有権の合計評価額　○○万円
　（2）　配偶者居住権（存続期間：○年）の評価額　○○万円

＜問題点＞

・第三者に居住建物を使用収益させることができる旨の規定がない。
・配偶者居住権設定の登記をするための規定がない。

88 第3章 遺産分割の方法・財産に関する問題

改善例

被相続人の長男であるAと被相続人の配偶者であるBが遺産分割をする際に、Aが建物を相続するものの、Bに対し配偶者居住権を取得させる内容の遺産分割協議を行った。

Bとしては、その後に当該建物を第三者に貸すかもしれないことを考慮して、第三者に貸すことを認めてもらう条項を入れた。また、第三者に対抗できるように配偶者居住権の登記ができるように条項を入れて遺産分割協議書を締結した。

【改善後の条項例】

第○条　相続人Aは、下記不動産を取得する。

記

〔省略〕

2　相続人Bは、前項の建物につき、存続期間を令和○年○月○日から令和○年○月○日までとする配偶者居住権を取得する。

3　相続人Aと相続人Bは、第1項の建物について、分割時の評価が次のとおりであることを合意する。

（1）　配偶者居住権付所有権の合計評価額　　○○万円

（2）　配偶者居住権（存続期間：○年）の評価額　　○○万円

4　相続人Aは、相続人Bに対し、第1項の建物につき、第三者に使用又は収益させることを認める。

5　相続人Aは、第1項の建物につき、相続人Bと共同で、第2項記載の配偶者居住権の設定の登記手続をする。登記手続費用は相続人Bの負担とする。

第3章　遺産分割の方法・財産に関する問題　　89

解　説

1　配偶者居住権の創設趣旨

　近年の社会の高齢化の進展及び平均寿命の伸長に伴い、被相続人の配偶者が被相続人の死亡後にも長期間にわたり生活を継続することは少なくありません。そして、配偶者は、住み慣れた居住環境での生活を継続するために居住権を確保しつつ、その後の生活資金として預貯金等の財産についても一定程度確保したいという希望を有する場合も多いと考えられます（堂薗幹一郎＝野口宣大『一問一答　新しい相続法〔第2版〕－平成30年民法等（相続法）改正、遺言書保管法の解説』9頁（商事法務、2020））。

　そこで、相続法改正により創設された配偶者の権利が配偶者居住権です。配偶者居住権が新設された背景、配偶者居住権が認められるための成立要件は、ケース19に記載がありますので、参照してください。

2　配偶者居住権の登記

　配偶者居住権が成立したとしても、配偶者居住権を第三者に対抗するためには、配偶者居住権の設定の登記をしなければなりません（民1031②・605）。

　この点、建物の賃借権の場合には、登記を備えなくとも、居住建物の引渡しを対抗要件とする旨定められていますが（借地借家31）、配偶者居住権は賃借権とは異なり、無償で居住建物を使用することができる権利であるため、賃借権の場合とは異なり、第三者に対し権利内容を適切に公示すべきとされています。そのため、居住建物の引渡しを受けても第三者には対抗できず、あくまで登記が必要であることには注意が必要です。

　したがって、遺産分割協議をする場合には、配偶者居住権の登記が

必要になることを前提に協議をすることが重要であり、 改善例 記載
のような規定を設けておくことが大切です。

3　第三者に使用収益させたい場合

　配偶者居住権を得た配偶者は、常に自らが居住したいとは限りません。このような場合、配偶者は第三者に対し配偶者居住権を譲渡することはできるのでしょうか。また、配偶者居住権が設定された居住建物を第三者に対し賃貸することは可能なのでしょうか。

　まず、配偶者居住権の創設趣旨からすると、第三者に対する配偶者居住権の譲渡を認めることは相当でなく、譲渡することはできないとされています（民1032②）。

　他方、配偶者居住権の設定された居住建物を第三者に賃貸したい場合には、絶対に禁止されているわけではなく（ここが譲渡の場合と異なります。）、居住建物の所有者の承諾を得ることができた場合に限り、第三者に居住建物の使用若しくは収益をさせることができます（民1032③）。配偶者にこのような権限を認めたのは、配偶者は自らの具体的相続分において配偶者居住権を取得していることから、配偶者が介護施設に入居するなどの事情の変更等により、配偶者がその建物に居住する必要がなくなった場合に、配偶者居住権の価値を回収する手段を確保するためとされています（堂薗＝野口・前掲23頁）。

　登記事項としても、「第三者に居住建物の使用又は収益をさせることを許す旨の定めがあるときは、その定め」が挙げられています（不登81の2二）。

　そこで、遺産分割協議の際にも、第三者に居住建物の使用収益を認めるか否かも協議し、協議書に記載しておくことが大切です。

第3章　遺産分割の方法・財産に関する問題　　91

21　配偶者居住権の存続期間に注意すべき場合

問題がある協議・条項

　被相続人が死亡し、相続人は妻A（45歳）と子Bのみである。被相続人の遺産は次のとおりである。

・土地（5,000万円）
・建物（1,000万円、鉄筋コンクリート造、築15年）
・○○銀行の預金（1,600万円）
・××銀行の預金（1,600万円）

　被相続人、A及びBは、遺産である建物に居住していたが、Aは、被相続人の死亡に伴い転居しようと考えており、引越し先を探しているところである。そこで、Bが土地建物の所有権を取得しつつ、Aが建物に居住できるように、A及びBは、Aが配偶者居住権を取得する内容で遺産分割協議を成立させた。

【条項例】

> 第1条　相続人Bは下記預金を取得する。
> 　　　　　　　　　　　記
> 　〔省略〕
> 第2条　相続人Bは下記不動産を取得する。
> 　　　　　　　　　　　記
> 　【土地】　〔省略〕
> 　【建物】　〔省略〕
> 第3条　相続人Aは、前条の建物につき、配偶者居住権を取得する。
> 第4条　前条の配偶者居住権の存続期間は、相続人Aの終身の間とする。

第5条 相続人Aと相続人Bは、第2条の不動産について、分割時の評価額が次のとおりであることを合意する。
（1） 配偶者居住権付所有権の合計評価額
14,050,000円
（2） 配偶者居住権（存続期間：Aの終身）の評価額
45,950,000円

＜問題点＞

・相続人Aが転居を予定しているにもかかわらず、長期間（終身の間）の配偶者居住権を取得することとなっているため、配偶者居住権の価額が高額となってAの相続分を占めてしまい、配偶者居住権以外の遺産を取得することができない可能性がある。

改善例

Aは、「5年あれば引越し先を見つけることができるであろう」と考え、AとBは、Aが存続期間5年の配偶者居住権を取得する内容での遺産分割協議を行った。そうしたところ、終身の間存続する配偶者居住権の価額よりも低額となったため、他の遺産も取得することができた。

【改善後の条項例】

第1条 相続人Bは下記不動産を取得する。
記
〔省略〕
第2条 相続人Aは、前条の建物につき、配偶者居住権を取得する。

第3章　遺産分割の方法・財産に関する問題　　93

第3条　前条の配偶者居住権の存続期間は、<u>令和6年4月1日から令和11年3月31日までとする。</u>

第4条　<u>相続人Aは下記預金を取得する。</u>

記

〔省略〕

第5条　相続人Aと相続人Bは、第1条の不動産について、分割時の評価額が次のとおりであることを合意する。

（1）　配偶者居住権付所有権の合計評価額

50,431,562円

（2）　配偶者居住権（存続期間：5年）の評価額

9,568,438円

解　説

1　配偶者居住権の存続期間

　配偶者居住権の価値は、存続期間に比例して高くなります。そのため、本ケースにおけるAのように、5年後に転居を予定しており、それを超えて居住する必要性が乏しいにもかかわらず、長期（配偶者の終身の間等）の配偶者居住権を取得すると、これによりAの具体的相続分を占めてしまい、その他の遺産（預金等）を取得できなくなる可能性があります。

　このような事態は、配偶者居住権の制度趣旨（ケース19参照）と相反する結果といえます。

2　本ケースにおける具体的計算

　本ケースにおいて、配偶者居住権の価額を算出すると、以下の（1）、

（2）に記載のとおりとなります。なお、ここで前提としてる配偶者居住権の価額の計算方法は、ケース19において紹介されているものを採用しています。簡単に説明すると、不動産の評価額から、「配偶者居住権の負担付きの当該不動産の評価額」を控除するという計算方法です。

（1）　配偶者居住権の存続期間をＡの終身の間とする場合

この場合、以下の計算から、配偶者居住権の価額は45,950,000円となります。

　　ア　負担付建物所有権の価額

---
① 固定資産税評価額：1,000万円
② 47年（鉄筋コンクリート造の法定耐用年数）－15年（経過年数（築年数））－43年（配偶者居住権の存続期間※）／32年（47年－15年）＝－0.34375
③ ライプニッツ係数：0.281（存続期間43年に相当）

①×②×③≒－965,938円

以上の計算の結果、負担付建物所有権の価額はマイナスとなりますので、計算上は<u>0円</u>と扱います。

※配偶者居住権の存続期間が終身である場合には、簡易生命表記載の平均余命の値を使用するものとされています。本ケースでは相続開始時においてＡが45歳であり、令和4年簡易生命表（女）では、45歳女性の平均余命は42.93歳であるため、配偶者居住権の存続期間を43年としています。

　　イ　負担付敷地所有権の価額

5,000万円（固定資産税評価額）×0.281（存続期間43年に相当するライプニッツ係数）＝14,050,000円

　　ウ　配偶者居住権の価額

土地建物の固定資産税評価額である6,000万円から、14,050,000円（負担付敷地所有権価額）を引くと、45,950,000円となります。

（2）　配偶者居住権の存続期間を5年間とする場合

この場合、以下の計算から、配偶者居住権の価額は9,568,438円となります。

　　ア　負担付建物所有権の価額

---

①　固定資産税評価額：1,000万円
②　47年（鉄筋コンクリート造の法定耐用年数）－15年（経過年数（築年数））－5年（配偶者居住権の存続期間）／32年（47年－15年）＝0.84375
③　ライプニッツ係数：0.863（存続期間5年に相当）

①×②×③≒7,281,562円

　　イ　負担付敷地所有権の価額

5,000万円（固定資産税評価額）×0.863（存続期間5年に相当するライプニッツ係数）＝43,150,000円

　　ウ　配偶者居住権の価額

土地建物の固定資産税評価額である6,000万円から、50,431,562円（負担付建物所有権価額7,281,562円＋負担付敷地所有権価額43,150,000円）を引くと、9,568,438円となります。

（3）　遺産分割への影響

本ケースにおいて、A及びBの具体的相続分は各4,600万円であり、配偶者居住権の存続期間をAの終身の間とする場合、及び、5年間とする場合のそれぞれについて、遺産を平等に分割しようとすると、配分は以下のとおりとなります。以下のとおり、配偶者居住権の存続期間を5年とすれば、配偶者居住権の評価額は下がり、その分、Aは他の遺産（預金）も取得することができるようになりました。

なお、計算の便宜上、存続期間をAの終身の間とする場合の配偶者居住権の評価額を4,600万円、存続期間を5年間とする場合の配偶者居住権の評価額を950万円とします。

ア　配偶者居住権の存続期間をAの終身の間とする場合

①　A

・配偶者居住権　　　4,600万円

②　B

・土地建物　　　　　1,400万円

（6,000万円－4,600万円）

・○○銀行の預金　1,600万円

・××銀行の預金　1,600万円

イ　配偶者居住権の存続期間を5年間とする場合

①　A

・配偶者居住権　　　950万円

・○○銀行の預金　1,600万円

・××銀行の預金　1,600万円

②　B

・土地建物　　　　　5,050万円

（6,000万円－950万円）

第3章　遺産分割の方法・財産に関する問題　　97

22　不動産を換価分割する場合

問題がある協議・条項

　相続人Ａ、Ｂ、Ｃは、被相続人の遺産である不動産を売却し、それによって得た金銭を３分の１ずつ取得することで合意した。

【条項例】

> 第○条　相続人Ａ、Ｂ及びＣは、下記不動産を売却し、その代金を各３分の１ずつ取得する。
> 　　　　　　　　　　　　　　　　記
> 　【土地】　〔省略〕
> 　【建物】　〔省略〕

＜問題点＞

・売却にかかる費用の負担について定めがない。

・登記手続に関する定めがない。

・端数が生じた場合の定めがない。

改善例

　相続人Ａ、Ｂ、Ｃは、被相続人の遺産である不動産を売却することで合意し、そのために必要となる登記手続に協力すること及び売却代金から必要となった費用を控除した残額を３分の１ずつ取得することとを定めた。

【改善後の条項例】

> 第○条　相続人Ａ、Ｂ及びＣは、下記不動産を売却し、その代金から以下の費用及び税金を控除した残金を各３分の１ずつ取得

98　　第3章　遺産分割の方法・財産に関する問題

する。端数が生じた場合は、当該端数はＡが取得する。

（1）　不動産仲介手数料

（2）　測量費用

（3）　登記手続費用

（4）　契約書作成費用

（5）　固定資産税、都市計画税、売却に伴う所得税、住民税等
　　　　　記

〔省略〕

2　相続人Ａ、Ｂ及びＣは、前項の不動産の売却手続、相続登記、所有権移転登記などの登記手続について、必要な協力を相互に行うことを約束する。

解　説

1　不動産の換価分割

　遺産である不動産の分割方法としては、当該不動産そのものを分ける現物分割（土地の場合は考えられますが、建物の場合はあまり現実的ではありません。）、特定の相続人が当該不動産を単独で取得する代わりに他の相続人に代償金を支払う代償分割、当該不動産を第三者に売却して、売却に必要となる費用を控除した後の残金を各相続人で分配する換価分割があります。

　不動産の現況からして現物分割が適切ではなく、また、相続人に代償金を支払う資力がない場合は、換価分割が選択されることになります。

　このとき、分配額について割合で定めるときには、端数が生じる可能性がありますので、端数の処理についても決めておくのがよいでしょう。

第3章 遺産分割の方法・財産に関する問題 99

2 換価分割時の登記手続

換価分割をするには、第三者に不動産を売却する必要がありますが、その際には、被相続人名義となっている不動産をそのまま買主となる第三者の名義にすることはできず、まず相続人に相続を原因とする所有権移転登記をする必要があります。

この相続登記は、法定相続分どおりの割合で登記するのであれば、共有物の保存行為として、相続人の一人が単独で申請することができます（民252⑤）。もっとも、不動産の売却手続（契約）や、その後の所有権移転登記については、各相続人の協力が必要となりますので、遺産分割協議書にはそのことも記載しておくのが望ましいです。

なお、本ケースとは異なりますが、これまで、遺言や遺産分割協議により、不動産を取得した相続人が相続登記をしないまま放置していることが多く見られました。そこで、不動産登記法の改正により、改正法施行日（令和6年4月1日）から相続登記の申請が義務化され（不登76の2①）、正当な理由（相続人が極めて多数に上り、戸籍謄本等の資料収集や他の相続人の把握に多くの時間を要する場合など）なく、遺産分割協議成立日（若しくは相続によりその所有権の取得を知った日）から3年以内に相続登記をしていない場合は、10万円以下の過料が課せられることになります（不登164）。また、施行日前の相続登記についても対象となっており、施行日又は不動産の所有権を相続したことを知った日のいずれか遅い日から3年以内に相続登記を行う必要があります。

3 換価分割の場合の課税関係

換価分割をした場合は、相続税だけでなく、相続をした資産を売却したものとして、譲渡益を基準とした譲渡所得税及び住民税がかかり

ます。 改善例 では、これらの税金も売却代金から差し引くことを規定しています。

なお、譲渡所得税等の金額は、売却代金、取得費、譲渡費用などによって異なってきますし、特例の適用による控除ができる場合もありますので、税理士等の専門家に相談されることをお勧めします。

4 遺産分割協議成立前の換価

本ケースとは異なりますが、遺産分割協議成立前に、相続人全員が同意の上、遺産不動産を第三者に売却した場合は、その売却代金は特段の事情がない限り、各相続人の相続分に応じて当然に分割され、遺産分割の対象とならず各相続人がその支払を求めることができるとするのが判例の立場です（最判昭52・9・19判時868・29、最判昭54・2・22判時923・77）。

第3章　遺産分割の方法・財産に関する問題　　　101

23　代償分割により一部相続人に不動産を取得させたい場合

問題がある協議・条項

　被相続人甲の遺産が不動産のみである場合に、相続人Aは不動産を取得したいと思ったが、相続人Aが不動産を相続してしまうと、もう一人の相続人である相続人Bは遺産を相続することができないことになる。そこで、相続人Aと相続人Bは、相続人間の公平を図るため、不動産を売却した上で、当該売却代金から売却費用を差し引いた残額を、法定相続割合に従って相続する内容での遺産分割協議をした。

【条項例】

> 第○条　相続人Aと相続人Bは、別紙遺産目録〔省略〕記載の不動産を、令和○年○月○日までに売却し、その売却代金から売却に要する一切の費用を差し引いた金員を2分の1ずつの割合で分配する。なお、最低売却価額は○円を目途とする。

＜問題点＞

・相続人Aが不動産を取得したいと考えているのに、相続人Aが不動産を相続できる方法（代償分割）について検討できていない。

改　善　例

　相続人Aと相続人Bは、相続人Aが不動産を取得したいと考えていることを考慮し、しかも相続人Aと相続人Bの公平を図るため、相続人Aが不動産を単独で取得する代わりに、相続人Aが相続人Bに対し代償金を支払う内容での遺産分割協議をした。

【改善後の条項例】

第○条　相続人Ａは、別紙遺産目録〔省略〕記載の不動産を取得
する。
2　相続人Ａは相続人Ｂに対し、前項の遺産を取得した代償とし
て代償金○円の支払義務があることを認める。
3　相続人Ａは相続人Ｂに対し、前項の代償金を、令和○年○月
○日限り、相続人Ｂが指定する銀行口座に振込送金する方法で
支払う。振込手数料は相続人Ａの負担とする。

解　説

1　遺産の分割方法

　一部の相続人が法定相続分を超える額の財産を取得し、他の相続人
に対する金銭の支払債務を負う遺産分割方法を、代償分割といいます。
　例えば、被相続人が親であり、その子であるＡ及びＢのみが相続人
であったとします。そして、遺産は被相続人所有の不動産のみであっ
たとします。Ａ及びＢの法定相続分はそれぞれ２分の１ですので、Ａ
が不動産を単独で取得すると、法定相続分を超えて遺産を取得するこ
ととなります。
　もちろん、Ａ及びＢが、土地建物の共有持分を２分の１ずつ取得す
るという分割方法（共有分割）も考えられます。しかし、例えば、Ａ
が生前から当該建物に被相続人と一緒に暮らしていたという場合や、
当該物件が収益物件であり、Ａが生前から被相続人とともにその管理
を行っていた場合等、Ａが不動産を単独で取得する必要性がある場合
も想定されます。また、共有分割をしてしまうと、当該不動産を一部
の共有者が単独で使用している場合に、使用料（賃料）の問題が発生

第3章　遺産分割の方法・財産に関する問題　　103

したり、不動産を売却する場合に共有者全員の同意が必要となり、売却等の処分が困難になる場合も想定されます。

　このように、不動産の共有分割は、将来の紛争の火種になり得ますので、避けることが考えられます。もし、当該不動産につき、全ての相続人が取得を希望しないのであれば、全員で売却し、売却代金（から売却費用を差し引いた残額）を法定相続分に従って分割する方法（換価分割）も考えられます。

　しかし、相続人の一部が不動産の取得を希望する場合には、相続人間の不公平が生じない限りにおいて、遺産分割の時点で一部の相続人に不動産を単独取得させておくことが望ましい場合もあります。このように、例えば相続人Aが不動産そのものを取得する代わりに、当該不動産の価額の2分の1に相当する金額を相続人Aが相続人Bに対し代償金として支払う内容の分割方法（代償分割）が可能です。

　家事事件手続法においても、「家庭裁判所は、遺産の分割の審判をする場合において、特別の事情があると認めるときは、遺産の分割の方法として、共同相続人の一人又は数人に他の共同相続人に対する債務を負担させて、現物の分割に代えることができる。」と規定して、代償分割を認めています（家事195）。

2　代償分割をする際の留意点

　1記載のとおり、代償分割は「特別な事情があると認められるとき」に選択できます。具体的には、遺産を共同相続人のうちの特定の相続人に取得させることが相当であると認められ、かつ、その価格が適正に評価され、他の相続人にはその持分の価格を取得させることとしても共同相続人間の実質的公平を害しないと認められる場合と考えられます（共有物分割に関する最判平8・10・31判時1592・59参照）。

　また、遺産を取得する者に支払能力があることも特別な事情の要件

となってきます（最決平12・9・7家月54・6・66）。

　したがって、遺産分割協議でまとまらず、審判での解決になる場合、代償金を支払う者の支払能力について審理がなされることになります。

　もちろん、当事者の話合いである協議においては、相続人Bが代償金額に納得すれば代償分割を前提とした遺産分割協議をすることができます。ただし、相続人Bとしては、相続人Aが代償分割の提案をしてきた場合に、上記問題点を考慮した上で、相続人Aの支払能力も考慮して代償分割の提案に応じるか検討する必要があります。

　後日、代償金が支払われないトラブルを避けるためには、様々な方策が考えられます（その一つは、ケース24記載のとおりです。）ので、代償分割による協議を検討する際は、後日代償金が支払われないことがないよう、方策を協議条項に盛り込むことが重要です。

第3章　遺産分割の方法・財産に関する問題　　　　105

24　代償金の回収に実効性を持たせたい場合

問題がある協議・条項

　遺産が不動産のみである場合に、相続人Aが遺産である不動産を全部取得し、その対価として代償金を相続人Bに支払うという内容の遺産分割協議が成立した。しかし、その後AはBに対して代償金を支払わなかった。

【条項例】

遺産分割協議書

第○条　相続人Aは下記不動産を取得する。

記

【土地】　〔省略〕

【建物】　〔省略〕

第○条　相続人Aは、相続人Bに対し、前条の遺産取得の代償として1,500万円の支払義務があることを認め、これを令和○年○月○日限り、相続人B指定の下記口座に振り込む方法により支払う。振込手数料は相続人Aの負担とする。

記

〔省略〕

＜問題点＞

・代償金が任意に支払われない場合に備えた条項が設けられていない。

106　　　第３章　遺産分割の方法・財産に関する問題

改善例

　Ａから代償金が支払われない場合に、直ちに強制執行へ移行できるよう、遺産分割協議書を公正証書で作成し、強制執行認諾文言を設けた。

【改善後の条項例】

遺産分割協議公正証書

第○条　相続人Ａは下記不動産を取得する。

記

　【土地】　〔省略〕

　【建物】　〔省略〕

第○条　相続人Ａは、相続人Ｂに対し、前条の遺産取得の代償として1,500万円の支払義務があることを認め、これを令和○年○月○日限り、相続人Ｂ指定の下記口座に振り込む方法により支払う。振込手数料は相続人Ａの負担とする。

記

　〔省略〕

第○条　相続人Ａは、前条の金銭債務を履行しないときは、直ちに強制執行に服する。

　　　　　　　　　　　　　　　　　　　　○○法務局所属

　　　　　　　　　　　　　　　　　公証人　○○○○　印

解　説

1　代償分割

　代償分割の概要に関しては、ケース23のとおりです。

　例えば、本ケースでは、被相続人が親であり、その子であるＡ及び

第3章　遺産分割の方法・財産に関する問題　　107

Bのみが相続人であったとします。そして、遺産は被相続人所有の土地及び建物のみであり、その評価額は3,000万円であったとします。A及びBの法定相続分はそれぞれ2分の1ですので、条項例及び 改善例 のように、Aが3,000万円の土地建物を単独で取得すると、法定相続分を超えて遺産を取得することとなります。

　このような場合に、共有分割や換価分割も検討しますが、相続人の一部が不動産取得を希望する場合には、他の相続人に不利益が生じない限度において（具体的には、相続人Aから相続人Bに対し、当該不動産価額の2分の1の代償金を支払う）、遺産分割の時点で一部の相続人に不動産を単独取得させておくことが望ましいです。

2　代償金の支払
（1）　債務名義の取得

　本ケースにおいて、Bとしては、Aから代償金1,500万円（3,000万円÷2）がきちんと支払われなければ困ります。仮に、遺産分割協議において定められた期限までにAが代償金を支払わなかった場合、Bは法的手続を用いてAから強制的に代償金を回収することになります。

　このように、債務者（本ケースではA）の財産（預金、不動産等）から強制的に債権の回収を図ることを、強制執行といいます。しかし、債務を弁済しない債務者に対していきなり強制執行を行うことはできません。条項例の場合、まずBとしてはAに対して訴訟等の法的手続を経て、債務名義（民執22各号）を取得する必要があります。例えば、BがAに対して代償金の支払を求める訴訟を提起して勝訴判決が下り、この判決が確定した場合、「確定判決」（民執22一）として債務名義となり、これを根拠に強制執行ができます（訴訟上で和解が成立した場合も同様です（民執22七、民訴267）。）。

108 第3章　遺産分割の方法・財産に関する問題

　しかし、訴訟には時間も費用もかかります。そこで、 改善例 のように、遺産分割の際、遺産分割協議書を公正証書で作成し、債務者であるＡが直ちに強制執行に服する旨の陳述を記載しておくことによって、遺産分割協議書が「執行証書」という債務名義（民執22五）となり、訴訟等を経ることなく、強制執行ができるようになります。なお、公正証書とは、公務員である公証人が私人からの嘱託を受けてその権限に基づいて作成する公文書であり、一定の費用を支払って、全国にある公証役場にて作成してもらうことができます。

（２）　財産の調査

　強制執行といっても、債務者の全ての財産を自動的に洗い出すことができるわけではなく、債権者において強制執行の対象となる債務者の財産を特定する必要があります。

　債権者が債務者の預金口座や不動産に関する情報を既に持っている場合には財産の特定は容易です。例えば本件の場合、遺産分割協議書には、Ａが取得した土地建物の情報（所在、地番等）も記載されているはずですから、これらの情報を基に、当該土地建物に対する強制執行も可能です。

　もっとも、こういった情報を債権者が有していない場合には、債権者が債務者の財産を調査して特定する必要があります。なお、弁護士に事件を依頼すれば、当該弁護士から所属弁護士会に申出を行うことにより、弁護士会から公務所又は公私の団体に照会をかけて回答を得ることができます（弁護士23の２）。この制度は「23条照会」とも呼ばれます。23条照会を用いて、例えば、弁護士会から金融機関に照会をかけてもらい、債務者名義の預貯金口座の有無等を調査することができます。

第3章　遺産分割の方法・財産に関する問題　　109

25　住宅ローンが残っている住宅を取得する場合

問題がある協議・条項

　被相続人甲の長男である相続人Ａと長女である相続人Ｂのうち、Ａが単独で、住宅ローンが残っている不動産を取得することで合意した。

【条項例】

　第〇条　被相続人甲の下記不動産を、被相続人の長男Ａが単独で
　　取得する。
　　　　　　　　　　　　　　　記
　　〔省略〕

＜問題点＞
・住宅ローンを負担する者が定められていない。

改 善 例

　被相続人甲の長男である相続人Ａと長女である相続人Ｂのうち、Ａが単独で、住宅ローンが残っている不動産を取得し、住宅ローンを全て負担することとした。

【改善後の条項例】

　第〇条　被相続人甲の下記不動産を、被相続人の長男Ａが単独で
　　取得する。
　　　　　　　　　　　　　　　記
　　〔省略〕

第○条　長男Ａは、前条の不動産にかかる下記住宅ローンを全て負担して支払うものとし、長女Ｂは負担しないこととする。

記

〔省略〕

解　説

1　債務の遺産分割対象性

本ケースのような金銭債務その他可分債務については、相続の開始とともに、各相続人に相続分に応じて分割承継され、遺産分割の対象にはならないと解されています。

したがって、問題がある協議・条項のとおりでは、被相続人甲の長男Ａと長女Ｂが住宅ローンを２分の１ずつ承継することになります。

もっとも、遺産分割の実務においては、被相続人の債務を特定の相続人が負担する旨の合意をすることがあります。

2　債権者への対抗

改善例のとおり、長男Ａが住宅ローンを全て負担するという遺産分割協議を行ったとしても、これだけでは債権者には対抗することができず、債権者が了承しない限り、長女Ｂが債務（住宅ローンの２分の１）を免れることはありません。

このように、債権者が了承してくれれば長女Ｂとしては安心ですが、債権者が了承してくれない場合には長女Ｂも債務者としての立場が残ってしまいます。なお、長男Ａが約定どおりの弁済を続けていれば、債権者が長女Ｂに債務の履行を求めることはないと考えられるので、事実上は問題ないかとも考えられますが、住宅ローンを長男Ａが完済するまでは長女Ｂも債務者であり、不安定な立場のままです。

第3章　遺産分割の方法・財産に関する問題　　111

　そこで、長男Aとしては、例えば取得する不動産を担保に、住宅ローンの借換えを行い、債権者に対する債務を完済すれば、長女Bの債務も消滅するので、このような方法も一考に値するでしょう。

3　相続税

　相続税の計算において、課税価格は、相続又は遺贈により取得した財産の価額から、相続開始のときに存する被相続人の債務で、相続又は遺贈により財産を取得した者の負担に属する部分の金額を控除することが可能です（相税13①一）。金額を控除すべき債務は、確実に存在すると認められるものに限りますが（相税14①）、本ケースの住宅ローンは確実に存在すると認められるでしょう。

　したがって、長男Aは、課税財産の価額から、負担することになった住宅ローンについて、債務控除をすることが可能です。

4　相続登記の義務化

　これまで、遺言や遺産分割協議により不動産を取得した相続人が相続登記をしないまま放置していることが多く見られました。

　そこで、不動産登記法が改正され、令和6年4月1日から、相続や遺贈により不動産を取得した場合、相続の開始があったことを知り、かつ、その所有権を取得したことを知った日から3年以内に相続登記の申請をしなければならないことになりました（不登76の2①）。また、遺産分割の場合には、遺産分割の日から3年以内に相続登記の申請をしなければなりません（不登76の2②・76の3④）。

　これらに反し、正当な理由もなく相続登記の申告を怠ったときは、10万円以下の過料となります（不登164）ので、相続又は遺贈により不動産を取得した場合には、相続登記の申請を忘れないように行う必要があります。

112　　第3章　遺産分割の方法・財産に関する問題

26　相続人の全員にとって不要な不動産が存在した場合

問題がある協議・条項

　被相続人甲が亡くなり、長男である相続人Aと長女である相続人B
が相続人である。被相続人甲には自宅不動産のほか、特に利用されて
いない更地不動産が存在する。

　AとBは遺産分割協議の中で、更地不動産について、売れるかどう
かもわからず、管理費用の負担が生じることから、どちらが取得する
か決まらないため、Aが譲歩して、更地不動産を単独で相続すること
で、遺産分割協議がまとまった。

【条項例】

> 第〇条　下記不動産は、相続人Aが相続する。
> 　　　　　　　　　　　　　記
> 〔省略〕

＜問題点＞

・相続土地国庫帰属制度を検討していない。

改善例

　被相続人甲が亡くなり、長男である相続人Aと長女である相続人B
が相続人である。被相続人甲には自宅不動産のほか、特に利用されて
いない更地不動産が存在する。

　AとBは遺産分割協議の中で、更地不動産について、売れるかどう
かもわからず、管理費用の負担が生じることから、どちらも取得を希
望しなかったため、相続土地国庫帰属制度を利用して当該不動産を処
分する旨の遺産分割協議をした。

第3章　遺産分割の方法・財産に関する問題　　113

【改善後の条項例】

第〇条　下記不動産は、相続人Ａ（持分２分の１）及び相続人Ｂ
　　（持分２分の１）が相続する。
記
　〔省略〕
第〇条　相続人Ａと相続人Ｂは、前条の不動産について、法務局
　　に対し共同で相続土地国庫帰属の承認申請をすることを約す
　　る。
第〇条　相続人Ａと相続人Ｂは、前条の相続土地国庫帰属の承認
　　を得るために必要となる一切の支出（負担金等を含む）につき、
　　２分の１ずつの割合で負担することを約する。

解　　説

1　相続土地国庫帰属制度―制度の創設

　相続した土地について、「遠くに住んでいて利用する予定がない」、「周りの土地に迷惑がかかるから管理が必要だけど、負担が大きい」といった理由により、土地を手放したいというニーズが高まっています。このような土地が管理できないまま放置されることで、将来、「所有者不明土地」が発生することを予防するため、相続又は遺贈（遺言によって特定の相続人に財産の一部又は全部を譲ること）によって土地の所有権を取得した相続人が、一定の要件を満たした場合に、土地を手放して国庫に帰属させることを可能とする「相続土地国庫帰属制度」が創設されました。

　令和５年４月27日に制度が開始されたばかりの制度で、法務省のホームページに整理されています。本解説も同ホームページの記載を引用しています（https://www.moj.go.jp/MINJI/minji05_00454.html（2024.09.20））。

2　制度の概要

相続土地国庫帰属制度のポイントは、以下のとおりです。

① 相続等によって、土地の所有権又は共有持分を取得した者等は、法務大臣に対して、その土地の所有権を国庫に帰属させることについて、承認を申請することができます。

② 法務大臣は、承認の審査をするために必要と判断したときは、その職員に調査をさせることができます。

③ 法務大臣は、承認申請された土地が、通常の管理や処分をするよりも多くの費用や労力がかかる土地として法令に規定されたものに当たらないと判断したときは、土地の所有権の国庫への帰属について承認をします。

④ 土地の所有権の国庫への帰属の承認を受けた方が、一定の負担金を国に納付した時点で、土地の所有権が国庫に帰属します。

3　制度の注意点

（1）　申請できる人

相続又は相続人に対する遺贈によって土地を取得した人が申請可能です。相続等以外の原因（例えば売買契約）により土地を取得した人は申請できませんし、法人も申請できないので、注意が必要です。

他方、相続等により共有の状態にある場合、共有者全員が共同で申請すれば本制度を活用することは可能です。

（2）　相続の時期

本制度開始前に相続等によって取得した土地についても、本制度の対象になります。

（3）　引き取ることができない土地

引き取ってもらえない土地に関しては、相続等により取得した土地所有権の国庫への帰属に関する法律（令和3年法律25号）において定

第3章　遺産分割の方法・財産に関する問題　　115

められています。具体的には以下のような土地に関しては、引き取ってもらうことができません。

① 申請できない土地（相続国庫帰属2③）

　㋐ 建物がある土地

　㋑ 担保権や使用収益権が設定されている土地

　㋒ 他人の利用が予定されている土地

　㋓ 土壌汚染されている土地

　㋔ 境界が明らかでない土地・所有権の存否や範囲について争いがある土地

② 承認を受けられない土地（相続国庫帰属5①）

　㋐ 一定の勾配・高さの崖があって、管理に過分な費用・労力がかかる土地

　㋑ 土地の管理・処分を阻害する有体物が地上にある土地

　㋒ 土地の管理・処分のために、除去しなければいけない有体物が地下にある土地

　㋓ 隣接する土地の所有者等との争訟によらなければ管理・処分ができない土地

　㋔ その他、通常の管理・処分に当たって過分な費用・労力がかかる土地

このように、本制度を利用できない場合もかなり多いため、紹介した法務省のホームページをご覧いただくことをお勧めします。また、弁護士に相談することも検討してください。

（4）　負担金

宅地や田、畑に関しては、面積にかかわらず20万円、森林に関しては面積に応じた負担金が発生します。これを誰が負担するかも併せて検討する必要があります。 改善例 では、この点も取り決める内容にしています。

27 遺産である不動産の賃料収入を一人の相続人に取得させたい場合

問題がある協議・条項

　被相続人甲の遺産としては、預貯金のほかマンションがあり、被相続人は、マンションの各室を賃貸していたため、賃料収入が発生していた。被相続人甲の子である相続人Ａ、Ｂ及びＣは遺産分割協議をした結果、被相続人の生前から実質的にマンションの賃貸管理をしていたＢが同マンションを取得し、相続開始後に発生した賃料も取得する代わりに、同マンションの管理費用や固定資産税等を負担することで合意したが、遺産分割協議書にはＢが同マンションを取得する旨のみを記載した。

【条項例】

第１条　相続人Ｂは、下記不動産を取得する。

記

所　　在　○○県○○市○○町○丁目○番○号
家屋番号　○○番○○
種　　類　○○
構　　造　○○
床 面 積　○○・○○平方メートル

以上

<問題点>

・相続開始後から遺産分割協議成立までの間に発生した賃料収入を特定の相続人が取得する旨の定めがない。
・相続開始後から遺産分割協議成立までの間に発生した管理費等を特定の相続人が負担する旨の定めがない。

第3章　遺産分割の方法・財産に関する問題　　117

改 善 例

　被相続人甲の子である相続人Ａ、Ｂ及びＣは遺産分割協議をした結果、被相続人の生前から実質的にマンションの賃貸管理をしていたＢが同マンションを取得し、相続開始後に発生した賃料も取得する代わりに、同マンションの管理費用や固定資産税等を負担することで合意し、その旨を遺産分割協議書に記載した。

【改善後の条項例】

第１条　相続人Ｂは、下記不動産を取得する。

　　　　　　　　　　　　記

　〔省略〕

第２条　本件相続開始後から本遺産分割協議成立日までの間、前条の不動産に関する各賃貸借契約に基づき生じた賃料については、相続人Ｂが取得するものとする。

第３条　本件相続開始後から本遺産分割協議成立日までの間、第１条の不動産に関して支出した一切の費用（修繕費、管理費等）は、相続人Ｂの負担とする。

解 説

1　遺産から生じた賃料収入（果実）の法的性質

　遺産である不動産の賃貸借契約に基づき得られた経済的収益（果実）は、遺産そのものではなく、遺産の管理・利用行為により生じるものなので、本来は遺産分割の対象とはならず、遺産分割協議成立までの間に生じた金銭債権（賃料債権）として、各共同相続人のそれぞれの

相続分に応じて当然に分割され、各共同相続人が単独で確定的に取得するものとされています。そして、各共同相続人が確定的に取得する以上は、その後の遺産分割協議の影響も受けないものとされています（最判平17・9・8判時1913・62）。

そうすると、遺産分割協議成立までの間に発生した賃料は、各共同相続人が各自の相続分に応じて取得しますので、原則として遺産分割協議の対象とならないこととなり、遺産分割協議で特別の条項がない限り、遺産である不動産を取得することとなった相続人は、遺産分割協議成立までの間に発生した賃料全額を取得することはできないということになります。

2　特定の相続人に賃料収入を取得させたい場合

もっとも、共同相続人の全員が、特定の相続人に、遺産分割協議成立までの間に発生した賃料を取得させることについて合意している場合は、賃料債権を遺産分割協議の対象とすることができるとされています（東京高決昭56・5・18判タ447・134、東京高決昭63・5・11判タ681・187）。

そのため、本ケースのように、相続人Ａ、Ｂ及びＣ全員が、遺産分割協議成立までに発生した賃料を全額Ｂに取得させることで合意できている場合は、改善例 の第２条のように記載をすることで、実現することができます。

3　不動産にかかる費用の負担

賃料収入を得るためには、賃貸人は不動産の修繕・管理や固定資産税の支払などの費用負担をする必要があります。

そして、相続開始後から遺産分割協議成立までの間に、遺産たる不動産にかかる修繕・管理等の費用や固定資産税等の公租公課の負担が発生した場合は、遺産から支出することについて共同相続人の合意が

第3章　遺産分割の方法・財産に関する問題　　119

得られれば遺産から支出することができますが、合意が得られない場合は、原則として、各共同相続人が相続分に応じて支払義務を負うことになります（民898・899）。

　もっとも、実際には、賃料収入を取得することとなる相続人が費用負担もすることになる旨の合意がされることが多いと考えられますので、その負担についても遺産分割協議書に記載しておくべきです。本事例の場合も、遺産たる不動産及び賃料収入を取得することとなる相続人Bが、同不動産にかかる費用も負担する旨を 改善例 の第3条に記載しています。

28 遺産不動産の共有を解消すると同時にもともとの共有関係も解消したい場合

問題がある協議・条項

被相続人甲と、相続人A及びBが本件土地の持分3分の1ずつを所有していたところ、被相続人甲が死亡した。相続人A及びBは遺産分割協議を行い、甲の遺産たる本件土地の持分3分の1をAが取得し、その後、本件土地を現物分割して、A（本件土地の3分の2相当）とB（本件土地の3分の1相当）が単独で所有することにした。

【条項例】

> 第1条　Aは、被相続人甲の遺産たる下記土地（以下「本件土地」という。）の持分（以下「本件持分」という。）を取得する。
>
> 記
>
> 【土地】　〔省略〕
>
> 第2条　Aは、Bに対し、本件持分を取得する代償として、金300万円を支払うこととし、これを令和〇年〇月〇日限り、Bが次項に定める本件持分の移転登記手続をするのと引換えに、B指定口座に振り込む方法により支払う。ただし、振込手数料はAの負担とする。
>
> 2　Bは、Aに対し、前項の代償金全額の支払を受けるのと引換えに、本件土地につき、遺産分割を原因として本件持分の移転登記手続に必要となる書類一式を交付する。
>
> 第3条　A及びBは、前2条の結果、本件土地につき、Aが3分の2の持分を、Bが3分の1の持分を有することを相互に確認する。

第3章　遺産分割の方法・財産に関する問題　　121

第4条　A及びBは、本件土地を分割し、次のとおり各自が単独
　　で所有する。
　（1）　Aは、本件土地のうち、別紙図面〔省略〕の点ア、イ、
　　　　ウ、エ、アの各点を順次直線で結んだ範囲の土地（実測面
　　　　積の3分の2に相当）を取得する。
　（2）　Bは、本件土地のうち、別紙図面〔省略〕の点ウ、エ、
　　　　オ、カ、ウの各点を順次直線で結んだ範囲の土地（実測面
　　　　積の3分の1に相当）を取得する。

＜問題点＞
・分筆登記手続や所有権移転登記手続について記載がない。
・各手続にかかる費用の負担割合が定められていない。

　改 善 例

　相続人A及びBは遺産分割協議を行い、被相続人甲の遺産たる本件
土地の持分3分の1をAが取得し、その後、本件土地を分筆により現
物分割して、A（本件土地の3分の2相当）とB（本件土地の3分の
1相当）が単独で所有することにした。また、分筆登記や所有権移転
登記手続にかかる費用負担についても合意し、遺産分割協議書に記載
した。

【改善後の条項例】

第1条　Aは、被相続人甲の遺産たる下記土地（以下「本件土地」
　　という。）の持分（以下「本件持分」という。）を取得する。
　　　　　　　　　　　　　記
　【土地】　〔省略〕

第3章　遺産分割の方法・財産に関する問題

第2条　Aは、Bに対し、本件持分を取得する代償として、金300万円を支払うこととし、これを令和○年○月○日限り、Bが次項に定める本件持分の移転登記手続をするのと引換えに、B指定口座に振り込む方法により支払う。ただし、振込手数料はAの負担とする。

2　Bは、Aに対し、前項の代償金全額の支払を受けるのと引換えに、本件土地につき、遺産分割を原因として本件持分の移転登記手続に必要となる書類一式を交付する。

第3条　A及びBは、前2条の結果、本件土地につき、Aが3分の2の持分を、Bが3分の1の持分を有することを相互に確認する。

第4条　A及びBは、本件土地を分割し、次のとおり各自が単独で所有する。

（1）〔省略〕

（2）〔省略〕

第5条　A及びBは、本件土地につき、前条のとおり分筆登記手続を行い、各自の所有部分につき、共有物分割を原因とする所有権移転登記手続をする。

第6条　本件土地に関する測量、境界確定、分筆登記及び所有権移転登記にかかる一切の費用並びに本件持分の評価にかかる費用（鑑定料等）は、A及びBが2分の1ずつ負担する。

解　説

1　代償分割

遺産分割に当たり、特定の相続人がある遺産を取得し、その代わり

第3章　遺産分割の方法・財産に関する問題　　123

に他の相続人に一定の代償金を支払うという方法は、実務上もよく見られる分割方法の一つです。代償分割の詳細については、ケース23を参照してください。

2　共有持分の評価方法

　不動産の代償分割をする場合は、代償金の金額を決定するに当たり、遺産たる不動産の価額を適切に評価することが重要となります。実務上では、固定資産税評価額や、地価公示法による公示価格等を基準にして評価することもありますが、実勢価格を適切に反映できていないこともあります。そのため、費用はかかりますが、適正価格を算定するためには、不動産鑑定士による鑑定を取得することがよいといえます。その場合は、鑑定費の負担についても規定しておくことが望ましいです。

3　遺産共有持分と共有持分の解消の方法

　本ケースのように、遺産共有持分（A及びBが共有している被相続人の持分）と他の共有持分（A及びBが元々有している持分）とが併存する場合、遺産共有の解消は遺産分割手続（民907）により行わなければならず、通常の共有を解消する共有物分割の手続（民258）では行うことができないとされています（最判平25・11・29判時2206・79）。実際には、本ケースのように、まず遺産分割協議により遺産共有の状態を解消してから共有物分割の手続を行う方が問題が少なく、そのような手順が踏まれることが多いと考えられます。

　このように、遺産共有の解消は、通常の共有物分割の手続では行うことができないというのが原則ではありますが、民法改正により、令

和5年4月1日以降においては、相続開始時から10年が経過した後は、通常の共有物分割の手続において遺産共有を解消することができるようになりました（民258の2）（ただし、遺産分割の申立てがなされ、かつ、通常の共有物分割の手続に対して異議の申出がなされた場合は除きます。）。これは、相続開始時から10年以内は特別受益や寄与分を考慮する必要があることから（民904の3・903・904の2）、それらを考慮しなくてもよくなる10年経過後に限り、共有物分割の手続の中で遺産共有を解消することを認めるという趣旨によるものです。

第3章　遺産分割の方法・財産に関する問題　　125

29　遺産の管理費用を遺産から支出したい場合

問題がある協議・条項

　相続人Ａが不動産、相続人Ｂ及びＣが預貯金をそれぞれ取得することで合意した。

【条項例】

第○条　相続人Ａは、下記不動産（評価額2,000万円）を取得する。

記

〔省略〕

第○条　相続人Ｂ及びＣは、下記預貯金（5,000万円）をそれぞれ
2分の1ずつ取得する。

記

銀 行 名　○○銀行

支 店 名　○○支店

口座種類　普通預金

口座番号　○○○○○○○

口座名義　○○○○（被相続人）

以上

＜問題点＞

・遺産分割協議成立までの間の遺産不動産にかかる管理費用の負担について定められていない。

126 第3章 遺産分割の方法・財産に関する問題

改善例

相続人Ａが不動産、相続人Ｂ及びＣが預貯金をそれぞれ取得し、遺産分割協議成立までの間の遺産不動産にかかる管理費用の負担についても定めた。

【改善後の条項例】

第〇条 相続人Ａは、下記不動産（評価額2,000万円。以下「本件不動産」という。）を取得する。

記

〔省略〕

第〇条 相続人Ａ、Ｂ、及びＣは、相続発生後から遺産分割協議成立までの間に、相続人Ａが負担した本件不動産にかかる修繕費及び固定資産税、火災保険料、水道光熱費が遺産管理費用であることを確認し、同費用を次条の遺産たる預貯金から支出することに同意し、これを相続人Ａが取得する。

第〇条 相続人Ｂ及びＣは、下記預貯金（5,000万円）から前条の遺産管理費用を差し引いた残額をそれぞれ２分の１ずつ取得する。

記

〔省略〕

解説

1 遺産の管理

被相続人が死亡し、相続が発生した場合、相続人は、単純承認、限定承認、相続放棄のいずれかを選択することになります。

相続放棄とは、被相続人の全ての財産（積極財産及び消極財産）の相続権を放棄することをいい、限定承認とは、相続財産のうち積極財産の範囲内で債務を弁済し、それで財産が残れば相続することをいいます（相続放棄についてはケース50を参照してください。）。

これらのうち、いずれかの方法を選択するまでの間は、被相続人の遺産を管理する必要があります。民法では、遺産の管理について、その固有財産におけるのと同一の注意をもって相続財産を管理しなければならないと規定しています（民918）。

そして、限定承認をした場合も、同様に固有財産におけるのと同一の注意をもって相続財産の管理をしなければならないとされ（民926①）、相続放棄をした場合は、相続放棄により相続人となった者が相続財産の管理を始めることができるまで、自己の財産におけるのと同一の注意（「固有財産におけるのと同一の注意」と同様の意味です。）をもって管理を継続しなければなりません（民940①）。単純承認の場合は、特に規定はありませんが、同様と考えられています。

2　遺産の管理方法

共同相続人は、遺産分割が成立するまで共同相続財産を管理しなければなりませんが、共同相続財産は共同相続人の共有となりますので（民898）、共同相続財産の管理については、共有に関する民法の規定（民法249条以下の規定）が適用されるとするのが判例（最判昭30・5・31民集9・6・793）の立場です。

そのため、保存行為（民252⑤）（例：家屋の修繕、消滅時効の更新（民法改正前でいう「時効の中断」））、管理行為（民252）（例：家屋の賃貸、賃貸借契約の解除）、変更行為（民251）（例：不動産の売却、担保権の設定、農地の宅地造成）の区分に応じて、それぞれ共同相続人単独、相

128　　第3章　遺産分割の方法・財産に関する問題

続持分の割合に従って過半数、共同相続人全員の同意、によって管理
をしていくことになります。

3　遺産の管理費用

　遺産の管理費用は、遺産の中から支出されることになります（民885
①）が、遺産の管理費用に当たるものと、管理費用に当たらないものを
理解しておく必要があります。

　遺産の管理費用に当たるものとしては、例えば、不動産の修繕費、
固定資産税、火災保険料、保存登記費用や、水道光熱費、賃料等の回
収費用、賃借人に対する立退料などが挙げられます。

　遺産の管理費用に当たるかが問題となるものとしては、葬儀費用や
相続税があります。葬儀費用については、遺産の負担とする（遺産か
ら支出する）との判例（大阪家審昭51・11・25家月29・6・27）もあります
が、相続人あるいは葬儀の主宰者（喪主）の負担とするのが基本的な
判例（東京高決昭30・9・5家月7・11・57、東京地判昭61・1・28家月39・8・
48）の立場であり、遺産の管理費用には当たらないとされています。

　また、相続税については、遺産を取得した相続人個人に課されるも
のであり（相税2）、遺産の管理費用には当たらないとするのが判例（仙
台高決昭38・10・30家月16・2・65）の立場です。

4　遺産の管理費用と遺産分割審判

　共同相続人の一人が遺産の管理費用を立て替えて負担した場合、遺
産分割手続の中で解決することができるか（遺産の管理費用が遺産分
割の対象となるか）については、見解が分かれています。

　遺産の管理費用は相続財産に関する費用に当たるので、遺産分割に
おいて清算されるべきとする見解（東京高判昭54・3・29家月31・9・21）、

第3章　遺産分割の方法・財産に関する問題　129

遺産の管理費用は遺産とは別のものであり遺産分割の対象とはならず、管理費用の請求は民事訴訟で解決すべきとする見解（大阪高決昭58・6・20判タ506・186）、遺産の管理費用は遺産とは別のものであるが、遺産分割手続の審判の対象とすることができるとする見解（広島高松江支決平3・8・28家月44・7・58）などがありますが、実務においては、管理費用についても遺産分割の対象とすることにつき当事者間で合意をさせ、それに基づき審判を行うということがなされています。

　改善例 は、相続人間で、遺産管理費用を遺産から支出することにつき同意ができた場合を念頭に置いていますが、遺産分割協議の際には遺産管理費用の負担についても当事者間で決めておくことが望ましいといえます。

130　　第3章　遺産分割の方法・財産に関する問題

30　葬儀費用も遺産分割協議で解決する場合

問題がある協議・条項

　被相続人甲が亡くなり、長男であるAと長女であるBが相続人である。Aは、甲死亡後に喪主として甲の葬儀を取り仕切り、葬儀費用も全て負担した。Aがインターネットを見ていると、葬儀費用は相続開始後に発生した費用であるため、遺産分割の対象にならない旨の記事があった。

　そこで、Aは、葬儀費用に関しては遺産分割協議の際に話をしてはいけないと考え、Bとの間で葬儀費用には触れずに遺産分割協議書を締結した。

【条項例】

　第○条　下記預金のうち2,000万円は、相続人Aが相続する。
　第○条　下記預金のうち2,000万円は、相続人Bが相続する。
　　　　　　　　　　　　　　　　　　記
　〔省略〕

＜問題点＞

・遺産分割協議の際、相続人間の合意があれば葬儀費用の扱いも協議できることを知らずに遺産分割協議を進めている。

改善例

　被相続人甲が亡くなり、長男であるAと長女であるBが相続人である。Aは、甲死亡後に喪主として甲の葬儀を取り仕切り、葬儀費用200万円も全て負担した。AとBは遺産分割協議の際、上記葬儀費用を遺

第3章　遺産分割の方法・財産に関する問題　　131

産4,000万円から支払うことを確認し、ＡとＢは葬儀費用200万円を差
し引いた金額3,800万円を公平に分割した。

【改善後の条項例】

第〇条　甲の葬儀費用200万円は、相続人Ａが負担する。
第〇条　下記預金のうち2,100万円は、相続人Ａが相続する。
第〇条　下記預金のうち1,900万円は、相続人Ｂが相続する。

記

〔省略〕

解　説

1　葬儀費用は、遺産分割の対象となるか

（1）　葬儀費用

　葬儀費用、すなわち通夜・告別式、火葬等の過程で要する費用は、
相続開始後に発生した費用です。

　また、香典は、死者への弔意、遺族への慰め、葬儀費用など遺族の
経済的負担の軽減などを目的とする祭祀主催者や遺族への贈与とされ
ています。香典は、慣習上香典返しに充てられる部分を控除した残余
について葬儀費用に充てられますが、なお残余金が生じた場合に葬儀
主催者に帰属すると解する見解と相続人に帰属するとの見解がありま
す（片岡武＝菅野眞一『家庭裁判所における遺産分割・遺留分の実務〔第4版〕』
80頁（日本加除出版、第2刷、2022））。

（2）　葬儀費用の負担者についての考え方

①　喪主負担説

　喪主が祭祀承継者として葬儀を執り行う以上、費用も喪主が負担す
べきである。

② 相続財産負担説

相続財産から負担すべきである。

③ 相続人負担説

相続人が相続分に従って共同負担すべきである。

近時の判例の立場としては、喪主負担説を採用するものが多いようです。

（3） 葬儀費用と遺産分割協議、調停、審判の関係

ア 葬儀費用

（1）記載のとおり、相続開始後に発生した費用ですので、被相続人が負担する債務ではなく、また、相続財産に関する費用ともいえません。そのため、遺産分割審判においては葬儀費用について判断されません。

もっとも、葬儀費用の支出金額や分担について争いがあっても、当事者間に合意が成立する場合には、遺産分割協議又は遺産分割調停の中で調整を図り、併せて処理することは可能です。

もし、遺産分割協議又は遺産分割調停の中で解決ができない場合には、別途民事訴訟手続の中で解決されることになります。

イ 葬儀費用が預金から引き出されたのではなく遺産たる現金から支払われた場合

遺産たる現金が遺産分割審判の対象であることは疑いがないのですが、その場合、審判の対象とされる遺産たる現金は、あくまで審判の直前において現金として保管されているものに限られるため、相続開始後に費消された遺産たる現金についての権利関係は、民事訴訟で解決されるべきことになります（遺言・相続実務問題研究会編『遺言・相続法務の最前線－専門家からの相談事例－』249頁（新日本法規出版、2012））。

2 結 論

　以上のとおり、葬儀費用自体は遺産分割審判の対象になりませんが、相続人間の調整によっては遺産分割協議又は遺産分割調停の対象として一挙に解決することが可能です。別途民事訴訟手続の中で解決することは相続人の負担にもなりますし、できる限り遺産分割協議又は調停の中で解決すべきと考えます。そのため、改善例のように、葬儀費用も含めた一挙解決を提案することに意味があると考えられます。

　当事者間で葬儀費用も含めた解決を進めるためには、葬儀費用を支出した相続人からの情報提供が重要です。すなわち、他の相続人から資料の提出を求められた場合に丁寧に説明をして、香典等を含む収支の明細を明らかにして、相続人間での調整を進めやすい環境を作ることが重要であるといえます。

134　　第3章　遺産分割の方法・財産に関する問題

31　預貯金を共同相続人で分割取得させる場合

問題がある協議・条項

　相続人A及びBは、預貯金を分割して取得することで合意した。

【条項例】

> 第〇条　被相続人の遺産である下記預貯金について、相続人Aが
> 　　〇〇円、相続人Bが〇〇円をそれぞれ取得する。
> 　　　　　　　　　　　　　　　記
> （1）　〇〇銀行〇〇支店　普通預金
> 　　　　口座番号　〇〇〇〇〇〇〇
> 　　　　口座名義　〇〇〇〇（被相続人）
> （2）　〔省略〕

＜問題点＞

・預貯金の解約払戻しの方法について定められていない。

改善例

　相続人A及びBは、預貯金を分割して取得することとし、払戻しの
方法やその費用の負担についても合意した。

【改善後の条項例】

> 第〇条　被相続人の遺産である下記預貯金について、相続人Aが
> 　　〇〇円、相続人Bが〇〇円をそれぞれ取得する。
> 　　　　　　　　　　　　　　　記
> 　　〔省略〕

第3章　遺産分割の方法・財産に関する問題　　135

> 2　相続人Bは、相続人Aに対し、前項各号の預貯金につき解約
> 払戻しを受ける権限を与える。相続人Aは、前項各号の預貯金
> の解約払戻しにより得られた金員を適切に保管し、相続人Bに
> 対して、前項本文に定める金員を、相続人Bが指定する金融機
> 関の口座に振込み送金する（ただし、振込手数料は相続人Bの
> 負担とする。）。
> 3　前項の解約払戻手続にかかる費用は、相続人A及びBがそれ
> ぞれ2分の1ずつ負担する。
> 4　相続人Bは、相続人Aに対し、預貯金の解約払戻しにかかる
> 手続等について、必要な協力をする。

解　説

1　預貯金債権が遺産分割の対象となること

　預貯金債権は、金銭債権であり可分債権（性質上分割可能な債権）
であるところ、判例は、過去より一貫して、可分債権は相続の開始と
ともに法律上当然に分割され、各共同相続人がその相続分に応じて権
利を承継するものと判断していました（最判昭29・4・8判タ40・20）。こ
の見解からすると、遺産たる預貯金債権は、遺産分割の対象とはなら
ないことになります。

　しかし、現実では、預貯金債権は現金と同様の財産と認識されてい
るため、実務上も、相続人全員が預貯金債権を遺産分割の対象に含め
る合意をした場合には、遺産分割の対象となるという見解のもとに遺
産分割協議がなされていました。

　このような中で、今般、最高裁判所は、まず平成28年に、普通預金

債権、通常貯金債権、定期貯金債権について、続いて平成29年に定期預金債権、定期積立債権について、いずれも相続開始と同時に当然に相続分に応じて分割されることはなく、遺産分割の対象となるとの判断をし、これと抵触する範囲で過去の判例を変更するとしました（最大決平28・12・19判時2333・68、最判平29・4・6判時2337・34）。

そのため、現在では、預貯金債権は遺産分割の対象となります。

2　預貯金の分割方法

預貯金債権を分割する方法としては、具体的に以下のような方法が考えられます。

（1）　預貯金債権ごとに取得する方法

各預貯金債権を共同相続人のそれぞれに取得させる方法であり、具体的には、「相続人Xは、○○銀行○○支店の普通預金（口座番号○○○○○○○）を取得する」というように、個別に取り決める方法です。各共同相続人が、それぞれの預貯金債権を単独で取得するため、簡易明快な分け方ですが、各預金債権の額が異なる場合には、公平な配分が難しいといえます。

（2）　割合的分割により取得する方法

全ての預貯金債権を各共同相続人が一定の割合に応じて取得する方法であり、具体的には、「相続人Xと相続人Yは、被相続人の各預貯金債権をそれぞれ2分の1ずつ取得する。」というような方法です。この方法は、各共同相続人の公平は確保しやすいですが、原則として各金融機関に対して、全ての共同相続人により手続をとる必要があり、煩雑です。また、端数が生じる場合には、その端数を誰が取得するかも決めておくべきでしょう。

第3章　遺産分割の方法・財産に関する問題　　137

（3）　具体的金額を取得する方法

　全ての預貯金債権の総額について、各共同相続人が個別に取得する金額を決める方法で、具体的には、「相続人Xは、預貯金の総額のうち○○円を取得し、相続人Yは、預貯金の総額のうち○○円を取得する」というように取り決めます。この方法は、預貯金以外の遺産がある場合に、預貯金の取得額を変動させることで、総取得額を調整したい場合に便利です。

3　解約払戻権限の付与

　上記2（3）の方法を採る場合に、実務では、共同相続人の一人に解約払戻権限を付与することで、各金融機関への手続を簡便化し、その後払戻しを受けた相続人が、他の各共同相続人に対し、それぞれが取得する金額を分配するように取り決めることがあります。【改善後の条項例】では、この方法を採ることを念頭に記載しています。

　ただし、金融機関によって取扱いが異なる場合があり、他の共同相続人の署名・押印が必要となることもあります。このような場合に備えて、【改善後の条項例】の4項のように他の共同相続人も手続に協力する旨を記載しておくのがよいでしょう。

4　遺産分割前の預貯金払戻し

　上記1のように、預貯金が遺産分割の対象となったことから、預貯金の払戻しを受けるには遺産分割協議を経ることが必要になりました。もっとも、葬儀費用や当面の生活費など、遺産である預貯金を使用する必要がある場合もあります。

　そこで、相続法改正により、各共同相続人は、遺産である預貯金の

うち相続開始時の債権額の3分の1に法定相続分を乗じた額を（上限額は150万円（民法第909条の2に規定する法務省令で定める額を定める省令））、単独で払戻しを受けることができるようになりました（民909の2）。また、家事事件手続法の改正により、遺産分割の調停や審判が申し立てられている場合に、家庭裁判所に申し立てることにより遺産である預貯金の全部又は一部を仮に取得し、単独で払戻しを受けられる制度も創設されました。こちらについては、上限額はありませんが、仮払いの必要性が認められ、かつ相続人全員の利益を害さないことなどの要件があります。

第3章　遺産分割の方法・財産に関する問題　　139

32　遺産の一部のみを分割したい場合

問題がある協議・条項

　被相続人が死亡し、相続人は被相続人の子Ａ、Ｂ、Ｃである。被相続人の遺産は、現金300万円及び不動産のほか、預金がある。不動産については、Ａが被相続人と長年居住していたこともあり、Ａが単独で取得することとした。現金については、法定相続分どおり100万円ずつ取得することとした。預金については、金融機関名や支店名等を把握しきれておらず、調査に時間を要することから、まずは不動産と現金のみを対象とする遺産分割協議を行った。

【条項例】

> 第１条　Ａ、Ｂ、Ｃは、現金300万円を各100万円ずつ取得する。
> 第２条　Ａは下記不動産を単独で取得する。
> 　　　　　　　　　　　　　　記
> 　〔省略〕

＜問題点＞
・一部分割であることの明示がない。
・残余財産の分割方法についての言及がない。

改善例

　Ａ、Ｂ及びＣは、一部分割の対象になっていない預金についても、将来、具体的内容が判明した際に予想される遺産分割に備え、その分割方法をあらかじめ決めておくこととした。

140   第3章　遺産分割の方法・財産に関する問題

【改善後の条項例】

> 　被相続人（令和○年○月○日死亡、本籍地○）の遺産につき、共同相続人Ａ、Ｂ及びＣは、遺産分割協議の結果、被相続人の遺産のうちの一部である現金300万円及び第２条記載の不動産を次のとおり分割した。
>
> 第１条　Ａ、Ｂ、Ｃは、現金300万円を各100万円ずつ取得する。
>
> 第２条　Ａは下記不動産を単独で取得する。
>
> 記
>
> 〔省略〕
>
> 第３条　本協議書において分割の対象としなかった、残余財産の遺産分割においては、残余財産の時価に1,300万円（第１条の現金300万円、及び、第２条の不動産の時価額1,000万円の合計額）を加えたものを遺産全体の評価額とし、本協議書による遺産分割と残余財産の遺産分割を通じて、Ａ、Ｂ及びＣの取得する財産の価額が、それぞれ遺産全体の評価額に３分の１を乗じた金額と等しくなるようにしなければならない。

解　説

1　遺産の一部分割

　遺産分割協議においては、被相続人の遺産の全部を対象とすることも当然できますが、遺産の一部のみを対象とすることも許されています。

　相続法改正前においても、かかる遺産の一部分割は可能と解釈されていましたが、相続法改正により、「共同相続人は、次条の規定により被相続人が遺言で禁じた場合を除き、いつでも、その協議で、遺産の

全部又は一部の分割をすることができる。」（民907①）と改正され、遺産の一部分割が可能であることが明文化されました。

例えば、被相続人の遺産に帰属すること（遺産性）について争いのない財産と、遺産性に争いのある財産がある場合において、遺産性に争いのない財産を先に分割したい場合等に、一部分割の方法によることが検討されます。

2　一部分割であることの明示

遺産の一部を分割するための要件として、遺産分割協議書において、遺産の一部であることを明示する必要はありません。

しかし、遺産の一部を対象とした遺産分割であるか、遺産の全部を対象とした遺産分割であるかは、当事者にとって重要な事項です。そのため、遺産の一部分割であるにもかかわらず、遺産の全部を対象とした分割であると誤信（勘違い）して遺産分割協議に加わった当事者がいた場合、その動機に錯誤があるとして、遺産分割協議を取り消す（民95①）との主張がなされる可能性は否定できません。

そのため、遺産分割協議書においても、遺産の一部の分割である旨は明らかにしておくことが望ましいといえるでしょう。

また、将来、一部分割の対象とならなかった残余財産の分割が予定されている以上、残余財産の分割で揉めることのないよう、一部分割の時点で、一部分割が残余財産の分割に影響を与えるか否かについて、明らかにしておくことが望ましいでしょう。仮に、一部分割の時点でこの点を明らかにしなかった場合、別個独立に残余財産の分割を行うことを前提に遺産の一部分割をしたものと解されることが多いとされています（東京家庭裁判所家事第5部「東京家庭裁判所家事第5部（遺産分割部）における相続法改正を踏まえた新たな実務運用」93頁（日本加除出版、家庭の法と裁判号外、2019））。

3　残余財産の分割方法

　本ケースにおいて、一部分割の対象となった現金300万円及び不動産（評価額1,000万円）の他に、被相続人の遺産として総額2,000万円の預金（残余財産）があったとします。遺産全体の評価額は3,300万円であり、法定相続分どおりに分割すると、各自の取り分は1,100万円となります。Aは、一部分割の時点で、既に1,100万円の価額の遺産（現金100万円及び1,000万円の不動産）を取得していますので、残余財産の分割において更に預金からも取得するとなると、法定相続分を超えて遺産を取得することになってしまいます。

　そこで、一部分割及び残余財産の分割を通じて法定相続分どおりの取り分を徹底するという、【改善後の条項例】第3条の趣旨に従えば、残余財産の分割は以下のとおり行われるべきことになります。

相続人	一部分割	残余財産の分割	合計
A	1,100万円（現金、不動産）	何も取得しない	1,100万円
B	100万円（現金）	1,000万円（預金）	1,100万円
C	100万円（現金）	1,000万円（預金）	1,100万円

第3章　遺産分割の方法・財産に関する問題　　143

33　相続債務を一部の相続人に負担させたい場合

問題がある協議・条項

　被相続人甲の長男である相続人A及び長女である相続人Bが、遺産分割協議を行い、甲の債務については、Aが負担することにした。

【条項例】

> 　被相続人甲の財産を、被相続人の長男Aと被相続人の長女Bの間で以下のとおり分割して取得する。
>
> 　〔省略〕

<問題点>

・相続債務の負担割合が定まっていない。

改善例

　被相続人甲の長男である相続人A及び長女である相続人Bが、遺産分割協議を行い、Aが相続債務を全て負担することとした。

【改善後の条項例】

> 1　被相続人甲の財産を、被相続人の長男Aと被相続人の長女Bの間で以下のとおり分割して取得する。
>
> 　〔省略〕
>
> 2　被相続人の長男Aは相続債務を全て負担する。

144 第3章 遺産分割の方法・財産に関する問題

解　説

1　相続債務は遺産分割の対象となるのか

　遺産分割は、積極財産を分割するものです。また、金銭債務は、相続により当然に各共同相続人に法定相続分で承継されるものであり、遺産分割の対象とはなりません。

　この点について、最高裁も「債務者が死亡し、相続人が数人ある場合に、被相続人の金銭債務その他可分債務は、法律上当然分割され、各共同相続人がその相続分に応じてこれを承継するものと解すべきである」と判示しています（最判昭34・6・19判時190・23）。

　相続債務が連帯債務の場合も同様であり、各共同相続人は、その相続分に応じて債務を承継し、その承継した範囲で本来の債務者とともに連帯債務者となります。前記最高裁判決も「連帯債務者の1人が死亡した場合においても、その相続人らは、被相続人の債務の分割されたものを承継し、各自その承継した範囲において本来の債務者とともに連帯債務者となると解するのが相当である」と判示しています。

　したがって、遺産分割において債務の負担割合をどのように定めても、債権者が承諾をしない限り、遺産分割の内容を債権者に対抗することはできず、債権者に対する関係では各共同相続人が法定相続分の割合の債務を負担することになります。もちろん、債権者は、遺産分割の内容どおりに請求することも、法定相続分の割合どおりに請求することも可能です。

2　遺産分割協議において、相続債務について定めること

　実務では、遺産分割協議や調停において、相続債務を共同相続人間でどのように分担するかを確認するという意味で、相続債務の負担割

第3章　遺産分割の方法・財産に関する問題　　145

合を決めることがあります。もちろん、債権者がその内容を承諾しない限りは、債権者には対抗できませんが、共同相続人間では、債務引受契約として有効です。

　他方、審判においては、債権者が自ら遺産分割審判に参加し、債務の分割に同意するような特殊な事情がない限り、債務を審判対象とすることはありません。

3　遺産分割協議後に相続債務が判明した場合の相続放棄

　本ケースとは離れますが、遺産分割協議後に相続債務が判明した場合に、相続放棄ができるかも問題となります。

　まず、相続放棄は、「自己のために相続の開始があったことを知った時から3箇月以内」（熟慮期間　民915①）に行わなければなりません。遺産分割協議を行った後であれば、既に熟慮期間を経過していることが考えられますが、熟慮期間は、相続人において、相続債務が存在しないと信じたことについて相当な理由があれば、相続債務の全部又は一部を認識したとき又は通常これを認識しうべかりしときから起算されます（最判昭59・4・27民集38・6・698）。

　したがって、遺産分割協議の際に、相続債務が存在することを知る機会がなかったのであれば、3か月を経過していても、直ちに相続放棄ができないということにはなりません。

　また、遺産分割協議は行っているので、これが遺産の処分行為に該当して単純承認（被相続人の遺産を、プラスマイナス関係なく全て相続すること）（民921一）したことになり、相続放棄ができないのではないかとも考えられます。しかしながら、相続人が多額の相続債務があることを認識していれば、遺産分割協議などせずに相続放棄をしてい

たはずであり、遺産分割協議は要素の錯誤（民95）により取り消すことができ、単純承認の効果も発生しないと判示した判例（大阪高判平10・2・9家月50・6・89）もあります。

ですので、この判例に従えば、遺産分割協議後に相続債務が存在することが判明した場合にも、相続放棄をすることが不可能ではありませんが、必ずしも相続放棄が可能と言い切れないので、事前に被相続人の財産調査をしっかりと行うことが重要です。

第3章　遺産分割の方法・財産に関する問題　　147

34　遺産分割をせずに長期間経過していた場合

問題がある協議・条項

　被相続人が亡くなり、15年という時間が経過した。相続人は、長男
Aと次男Bの2名である。被相続人は生前、Bに対し3,000万円を贈
与していたために、BはAとの遺産分割協議において、上記3,000万円
が特別受益に該当するとAから指摘を受け、また、Aが被相続人の介
護を引き受けていたことも指摘されたため、被相続人の唯一の遺産で
ある不動産の遺産分割において、Aが全て取得する内容の遺産分割協
議を行った。

【条項例】

第○条　相続人Aは、下記不動産を相続する。

記

〔省略〕

＜問題点＞

・遺産分割をせずに長期間経過していたにもかかわらず、特別受益や
　寄与分を考慮して遺産分割協議を行っている。

改 善 例

　被相続人の死亡から既に15年が経過しているため、民法904条の3
が適用されることになり、Aが特別受益や寄与分の主張をすることは
できないことが原則となる（ただし、904条の3ただし書が適用される
例外的事情があれば別である。）。

148　　第3章　遺産分割の方法・財産に関する問題

　そこで、Bとしては、被相続人から生前贈与を受けていても、また、Aが被相続人の介護を頑張ったことで寄与分が認められるケースであったとしても、Aに対し法定相続分に従った遺産分割協議を主張し、同内容の遺産分割協議がまとまった。

【改善後の条項例】

第〇条　相続人Aは、下記不動産を相続する。

記

〔省略〕

第〇条　相続人Aは、相続人Bに対し、前条の不動産を相続する代償として、1,000万円を令和〇年〇月〇日限り、支払う。

解　説

1　期間経過後の遺産分割における相続分

　民法には、相続人間の実質的平等を図るため、特別受益や寄与分という概念が存在します。なお、特別受益に関してはケース39やケース40を、寄与分に関してはケース37を、それぞれ参照してください。

　ただし、相続開始から長期間が経過すると、証拠が散逸するなどして、特別受益や寄与分が認められるのか判断することが困難になってしまいます。特に、本ケースにおけるBの立場では、時間が経過してしまっており、Aに反論する証拠を集めることは困難になるケースが多いと思われます。

　そこで、相続法改正で、相続開始から10年が経過した後にする遺産分割では、特別受益や寄与分に関する規定は適用されないことになりました（民904の3本文）。

第3章　遺産分割の方法・財産に関する問題　　149

　ただし、以下の①及び②の場面では、例外的に特別受益や寄与分の主張ができることになりました（民904の3ただし書）。
①　相続開始の時から10年が経過する前に、相続人が家庭裁判所に遺産分割の請求をしたとき
②　相続開始の時から始まる10年の期間満了前6か月以内に、遺産分割を請求することができないやむを得ない事由があり、当該事由が消滅してから6か月を経過する前に当該相続人が家庭裁判所に遺産分割の請求をしたとき
　ここで、②の「やむを得ない事由」とは、相続開始の時から10年を経過した後に相続放棄がされ、新たに相続人になった場合など、客観的にみて相続人において遺産分割の申立てをすることを期待することができない事情が認められる場合であり、相続人の主観的事情（相続人の病気療養や国外にいた等の事情）はこれに当たらないと考えられています（片岡武＝管野眞一『家庭裁判所における遺産分割・遺留分の実務〔第4版〕』375頁（日本加除出版、第2刷、2022）参照）。
　民法904条の3に関しては、令和5年4月1日から施行されています。そして、施行日前に相続が開始した遺産分割についても適用されることになります（令3法24改正民附則3）。
　もっとも、5年の猶予期間がありますので、相続発生日が令和5年4月1日より前の場合には、相続発生から10年経過後又は施行時（令和5年4月1日）から5年経過時（令和10年4月1日）の遅い方から、改正法が適用されることになりますので、注意が必要です。

2　本ケースへの当てはめ

　本ケースでは、被相続人の死亡から既に15年が経過していますので、民法904条の3が適用されることになり、Aが特別受益や寄与分の主張をすることはできません（ただし、904条の3ただし書が適用される

例外的事情があれば別です。)。

　そこで、Bとしては、被相続人から生前贈与を受けていても、また、Aが被相続人の介護を頑張り寄与分が認められるケースであったとしても、Aに対し法定相続分に従った遺産分割協議を主張することができるものと思われます。

　もちろん、生前贈与を受けたことは事実ですし、Aが介護を頑張ってくれたことは事実ですので、民法904条の3の存在にかかわらず、条項例のように、Aに被相続人の遺産を渡してしまう遺産分割をしても問題ありません。

　他方、Aとしては、本来特別受益や寄与分の主張ができたにもかかわらず、遺産分割を先延ばしにすることで、これらの主張ができなくなってしまうことをリスクとして認識しておくべきであったとなります。

　施行日の関係では附則がややこしいために、民法904条の3が適用されるか悩むケースも出てくるかもしれません。そのような場合には、慎重に判断することが重要です。

第3章　遺産分割の方法・財産に関する問題　　　151

35　共同相続人同士が遠隔地にいるため一堂に会して遺産分割協議を行うことが難しい場合

問題がある協議・条項

　被相続人の妻である相続人A、子である相続人B、C及びDは、以下の遺産分割協議書を持ち回して遺産分割協議を行い、それぞれ同協議書に署名押印をした。

【条項例】

　第○条　Aは、以下の不動産を取得する。

　　〔省略〕

　第○条　Bは、以下の預金を取得する。

　　〔省略〕

　　本遺産分割協議の成立を証するため、本協議書4通を作成し、各自1通を保有する。

　　令和○年○月○日

　　　　　　　　　住所　東京都○○区○○町○丁目○番○号

　　　　　　　　　氏名　A　　　　　　　　㊞

　　　　　　　　　住所　北海道○○市○○町○丁目○番○号

　　　　　　　　　　　　B　　　　　　　　㊞

　　　　　　　　　住所　沖縄県○○市○○町○丁目○番○号

　　　　　　　　　氏名　C　　　　　　　　㊞

　　　　　　　　　住所　アメリカ合衆国○○州○○○○○号

　　　　　　　　　氏名　D　　　　　　　　㊞

152　第3章　遺産分割の方法・財産に関する問題

＜問題点＞

・A、B、C、Dが持ち回りで分割協議を行う途中で、遺産分割協議書が破損し、又は紛失するリスクがある。

改 善 例

　A、B、C、Dがそれぞれ以下の遺産分割協議証明書を作成して署名押印の上互いに交付し、A名義の相続を原因とするA名義の所有権移転登記を申請する際に当該遺産分割協議証明書を提出する。

【改善後の条項例】（遺産分割協議証明書）

遺産分割協議証明書

　令和〇年〇月〇日、被相続人（最後の住所〇〇）の死亡によって開始した相続における共同相続人A、B、C、Dが令和〇年〇月〇日に行った遺産分割協議の結果、以下のとおり合意したことを証明する。

1　Aは、以下の不動産を取得する。

　〔省略〕

2　Bは、以下の預金を取得する。

　〔省略〕

　令和〇年〇月〇日

　　　　　　　　住所　〇〇県〇〇市〇〇町〇丁目〇番〇号

　　　　　　　　氏名　〇　　　　　　　　　㊞

第3章　遺産分割の方法・財産に関する問題　　153

解　説

1　遺産分割協議の成立

　遺産分割協議が成立するためには、遺産分割の内容に関して共同相続人全員の合意が必要です。この共同相続人全員の合意があれば必ずしも書面にする必要はありませんが、遺産分割協議書を作成しておくことが望ましいことはいうまでもありません。

　そして、合意成立のためには、必ずしも全員が一堂に会することまでは必要なく、持ち回り方式で合意をすることによっても遺産分割協議を成立させることができます。この持ち回り方式で遺産分割協議を成立させるためには、遺産分割の内容が確定しており、その確定した遺産分割案が各相続人に提示され、各相続人がこれに明確な受諾の意思表示をすることが必要となります（永石一郎ほか編『〔改訂版〕ケース別遺産分割協議書作成マニュアル』112・113頁（新日本法規、2020））。なお、浦和地裁昭和58年1月28日判決（判タ496・140）や仙台高裁平成4年4月20日判決（判タ803・228）は、遺産分割協議に参加できなかった共同相続人の一人が、遺産分割協議書作成に先立って他の共同相続人に登録印鑑と印鑑証明書を送付して遺産分割協議書への署名押印を代行させた事案で、遺産分割協議書作成の日までに、参加できなかった相続人に対して遺産分割協議書の内容について書面による提示も口頭による伝達もなされていなかったことから、遺産分割協議が適法に成立したとはいえないとしています。

2　遺産分割協議書と遺産分割協議証明書

　このように、共同相続人同士が遠隔地にいる場合でも、持ち回り方式で合意すれば一同に会して遺産分割協議を行う必要はありません。しかし、遠隔地にいるため遺産分割協議に参加できないという相続人

が多数いる場合は、持ち回り方式で遺産分割協議書を作成するのは迂遠である上に、持ち回りの途中で協議書が破損し、あるいは紛失するリスクも生じてきます。

　そこで、このような場合には、遺産分割協議書作成に代えて、各相続人ごとに同じ内容の遺産分割協議証明書を作成し、それぞれ署名押印をするという方法もあります。この各相続人が署名押印した遺産分割協議証明書が共同相続人全員分そろうと、不動産登記や預金の払戻し等の相続手続を行うことができます（奈良恒則ほか編『税務申告を見据えた遺産分割協議書の作成とケース別条項例』156・157頁（日本法令、2022））。

　本ケースでも、問題がある協議・条項のように、一つの遺産分割協議書に共同相続人Ａ、Ｂ、Ｃ、Ｄがそれぞれ持ち回りで署名押印するとなると、時間や手間がかかる上に、紛失のリスクが大きくなりますので、改善例のように、遺産分割協議証明書を作成するのが望ましいでしょう。

3　海外移住者と署名証明書

　遺産分割協議書や遺産分割協議証明書に押印する際には、各相続人は実印と印鑑証明書が必要となります。しかし、日本に住所登録していない海外居住者には、印鑑証明書が発行されません。

　そこで、日本における印鑑証明書に代わるものとして、例えば、本人の署名及び拇印であることを証明する「署名証明書」というものがあります。署名証明書は、移住先の国に駐在する日本大使館又は領事館で発行してもらうか、日本に一時帰国した際に日本国内の公証役場で取得することができます。もっとも、不動産登記の登記申請を行う場合は法務局に、銀行預金等について手続を行う場合は各金融機関になど、それぞれの関係機関にあらかじめ問合せをして、必要書類を確認しておく必要があります。

第3章　遺産分割の方法・財産に関する問題　　155

36　詐害行為に当たる遺産分割協議書を作成した場合

問題がある協議・条項

　被相続人甲の長男である相続人A及び次男である相続人Cがそれぞ
れ遺産を取得し、長女である相続人Bは遺産を取得しないことで合意
した。

【条項例】

　　被相続人甲の遺産相続につき、被相続人の長男Aと被相続人の
　長女B及び被相続人の次男Cが遺産分割協議を行い、次のとおり
　に遺産分割の協議が成立した。
　第1条　A及びCは、甲の遺産を2分の1ずつ取得する。
　第2条　A、B及びCは、Bが相続債務を負担しないことを相互
　　に確認する。

＜問題点＞

・債権者に対する関係では、相続債務は法定相続分に従って承継され
　ることになり、詐害行為取消権の行使により、Bの債権者に遺産分
　割協議を取り消されてしまう可能性がある。

改善例

　被相続人甲の長女である相続人Bは家庭裁判所に対して相続放棄を
行い、遺産分割協議には参加しないこととし、長男である相続人A及
び次男である相続人Cが遺産分割協議を行い、それぞれ遺産を取得す
ることとした。

156　　第3章　遺産分割の方法・財産に関する問題

【改善後の条項例】

被相続人甲の遺産相続につき、被相続人の長男Ａと被相続人の次男Ｃが遺産分割協議を行い、次のとおりに遺産分割の協議が成立した。

第1条　Ａ及びＣは、甲の遺産を2分の1ずつ取得する。

解　説

1　相続分の放棄

（1）　相続分の放棄の方法

相続分の放棄とは、自己の相続分を放棄することをいいます。

相続が開始してから遺産分割協議が成立するまでの間はいつでも相続分を放棄することが可能であり、方式は問いません。

（2）　相続分の放棄の効果

相続分を放棄した場合には、その相続人は遺産を取得しないことになります。もっとも、相続人としての地位を失うことはなく、法定相続分に従った債務は負担することになってしまいますので、注意が必要です。

2　相続放棄

（1）　相続放棄の方法と効果

相続放棄とは、被相続人の遺産について権利や義務の一切を引き継がずに放棄することをいいます（民938）。

相続放棄をするに当たり理由の制限はありません。

相続放棄をすると、初めから相続人ではなかったことになります。

第3章　遺産分割の方法・財産に関する問題　　157

（2）　相続放棄のための要件

　家庭裁判所に対して放棄の手続をすることによって、相続放棄を行うことができます。相続放棄は、自己のために相続の開始があったことを知った時から3か月以内にする必要があります（民915本文）。ただし、家庭裁判所に期間の伸長を申し立てることにより、最大6か月まで期間を伸ばすことが可能となります（民915ただし書）。

3　詐害行為取消権との関係

（1）　遺産分割協議

　詐害行為取消権とは、債務者による財産減少行為などを取り消すことができる権利です。

　債権者は、詐害行為取消権によって法律行為の取消しを裁判所に請求することができます（民424）。そこで、遺産分割協議が詐害行為取消権の対象となるかどうかが問題となります。

　この点について、判例は、「共同相続人の間で成立した遺産分割協議は、詐害行為取消権行使の対象となり得るものと解するのが相当である。けだし、遺産分割協議は、相続の開始によって共同相続人の共有となった相続財産について、その全部又は一部を、各相続人の単独所有とし、又は新たな共有関係に移行させることによって、相続財産の帰属を確定させるものであり、その性質上、財産権を目的とする法律行為であるということができるからである。」と判示しています（最判平11・3・11民集53・5・898）。

　問題がある協議・条項 では、Bは遺産分割協議によって遺産を取得しないことに合意していますが、上記のとおり、遺産分割協議は詐害行為取消権の対象となります。そのため、Bが無資力であった場合には、Bの債権者は詐害行為取消権を行使し、遺産分割協議を取り消

すことによってBの法定相続分の遺産を取得しようとしてくることが想定されます。

（2）　相続放棄

相続放棄は詐害行為取消権の対象となるかが問題となります。

この点について、判例は、「相続放棄のような身分行為については、民法424条の詐害行為取消行使の対象とならないと解するのが相当である。」としています（最判昭49・9・20民集28・6・1202）。

したがって、 改善例 のように相続放棄をした場合には、Bは債権者から詐害行為取消権を行使されることはなくなります。

第 4 章

寄与分・特別受益に
関する問題

160

第4章　寄与分・特別受益に関する問題　　　161

37　一部の相続人に寄与分を認めたい場合

問題がある協議・条項

　被相続人の長男である相続人Ａ、長女である相続人Ｂ及び次男である相続人Ｃは、Ａに寄与分があることを前提として遺産分割協議を成立させた。

【条項例】

> 第○条　長男Ａ、長女Ｂ及び次男Ｃは、Ａが、被相続人が平成○○年○○月○○日に新規事業を開始するに当たり、資金を贈与したことを寄与分と認めることを確認する。

＜問題点＞
・寄与分が具体的にいくらであるか金額が不明である。

改 善 例

　被相続人の長男である相続人Ａ、長女である相続人Ｂ及び次男である相続人Ｃは、Ａに寄与分があることを前提として遺産分割協議を成立させた。その際、寄与分の具体的な金額を決めておかなければ後ほど争いが生じたり、別途協議をする必要が生じてしまうので、遺産分割協議書に寄与分の金額を記載した。

【改善後の条項例】

> 第○条　長男Ａ、長女Ｂ及び次男Ｃは、Ａが、被相続人が平成○○年○○月○○日に新規事業を開始するに当たり、その資金として金○○円を贈与したことによるＡの寄与分を金○○円と定める。

162　　第4章　寄与分・特別受益に関する問題

| 解　　説 |

1　寄与分とは

　寄与分とは、被相続人の生前に、被相続人の財産の維持や増加に特別の貢献をした相続人に対し、法定相続分に加えて、貢献の割合に応じた遺産を取得させる制度をいいます。

　【改善後の条項例】では、Ａが被相続人に対して贈与した金額のうちいくらを寄与分と認めるかが明記されていますので、寄与分の金額が明確となります。

　寄与分が問題となる場合を大きく２つに分類すると、被相続人の事業を手伝ったことにより資産形成に寄与した家事従事型、被相続人の療養看護をすることによって専門職による介護費用の負担を免れたことが遺産の維持・増加に寄与した療養看護型、が挙げられます。

2　家事従事型の場合

　ここでいう「家事」とは、家業や事業などを意味します。

　家事従事型の場合、被相続人との身分関係に基づいて通常期待される範囲を超えていることが必要であり、①無償ないし労務の対価として不十分な状態で労務の提供が行われていること（無償性）、②労務の提供が一定期間継続していること（継続性）、③労務の内容がかなりの負担を要すること（専従性）、が必要となります。

＜条項例（家事従事型の場合）＞

> 第〇条　長男Ａ、長女Ｂ及び次男Ｃは、Ａが、被相続人の事業に尽力したことによる寄与分を金〇〇円と定める。

3 療養看護型の場合

療養看護型の場合、療養看護の必要性が認められる必要があります。すなわち、①被相続人が療養看護を必要とする病状であったこと、及び、②近親者による療養看護を必要としていたこと、が必要であり、完全看護の病院に入院している場合には、基本的には寄与分は認められません。

また、③無償ないし労務の対価として不十分な状態で労務の提供が行われていること（無償性）、④労務の提供が一定期間継続していること（継続性）、⑤労務の内容がかなりの負担を要すること（専従性）、が必要となることは家事従事型と同様です。

＜条項例（療養看護型の場合）＞

> 第〇条　長男Ａ、長女Ｂ及び次男Ｃは、Ａが、被相続人の療養看護に尽くしたことによる寄与分を金〇〇円と定める。

金額の目安としては、専門職の第三者に依頼した場合に本来かかるはずの費用を基準として計算するとよいでしょう。具体的には、「第三者の日当額×療養看護日数×裁量割合」という計算式が一般的です。

164   第4章　寄与分・特別受益に関する問題

38　特別寄与者が存在すると想定される場合に遺産分割協議を進めたい場合

問題がある協議・条項

　被相続人が死亡し、相続人は長男であるA及び次男であるBである。被相続人は生前、A所有の自宅で同居し、Aの配偶者であるCが長年にわたり被相続人の面倒を見てきた。

　被相続人が死亡したことで、AとBは遺産分割協議を進め、Cが特別寄与者であることを考慮せずに、Aが遺産のうち預金を受け取り、Bが遺産のうち不動産を受け取る内容で遺産分割協議書を作成した。

　遺産分割協議が終了した後、CがBに対し特別寄与料の請求をしてきた。Bは特別寄与料を想定していなかったために現預金を相続しておらず、Cへの支払に困ることになった。

【条項例】

> 　第○条　相続人Aは、下記預金を全て相続する。
> 　第○条　相続人Bは、下記不動産を全て相続する。
> 　　　　　　　　　　　　　　　記
> 　〔省略〕

＜問題点＞

・特別寄与者の存在を考慮せずに遺産分割協議を進めている。

改善例

　被相続人が死亡し、相続人は長男であるA及びBである。被相続人は生前、長男A所有の自宅で同居し、Aの配偶者であるCが長年にわ

第4章　寄与分・特別受益に関する問題　　165

たり被相続人の面倒を見てきた。

　被相続人が死亡したことで、AとBは遺産分割協議を進めた。ただ
し、Bは、被相続人が生前、Cに面倒を見てもらっていたことを理解
していたために、Aとの遺産分割協議の中で相談をして、Cへの支払
を考慮した遺産分割協議を進め、Cへの支払合意書締結と遺産分割協
議書締結を同じタイミングでまとめた。Bは、Cへの支払を考慮して、
遺産分割の内容に関しても、預金を受け取る内容にした。

【改善後の条項例】

　第〇条　相続人Aは、下記預金目録１記載の預金を相続する。

　第〇条　相続人Aは、下記不動産目録１記載の不動産を相続する。

　第〇条　相続人Bは、下記預金目録２記載の預金を相続する。

　第〇条　相続人Bは、下記不動産目録２記載の不動産を取得する。

　　　　　　　　　　　　　　　記

　〔省略〕

解　説

1　特別寄与料とは

　特別寄与料とは、相続人ではない被相続人の親族が被相続人の療養
看護に努めるなどの貢献を行った場合に、当該貢献をした者が、貢献
に応じた額の金銭（特別寄与料）の支払を請求することができる制度
です（民1050）。

　相続法改正前は、特別寄与料の制度がなかったために、相続人でな
い者が被相続人の療養看護に努めた場合、①特別縁故者の制度、②準
委任契約に基づく請求、③事務管理に基づく費用償還請求、④不当利
得返還請求によって報酬等の支払を請求すること、によって実質的公

平を図ってきました。

　しかし、①～④は、いずれもその成立が認められない場合や、成立するとしてもその証明が困難な場合があり得る等の問題があるとされていたため、特別寄与料の制度が認められたことには、大きな意味があります。

2　特別寄与料の請求権者の範囲及び寄与行為の態様

（1）　請求権者の範囲

　相続人以外の被相続人の親族（六親等内の血族、配偶者、三親等内の姻族（民725））です。

（2）　寄与行為の態様

　被相続人に対して「無償で療養看護その他の労務の提供をした」こととされています（民1050①）。寄与行為の態様は「労務の提供」に限定されているため、被相続人に対する財産上の給付は、寄与行為の対象にはなりません。また、「無償」であることが必要で、例えば、被相続人が特別寄与者の貢献に報いるために、同人に対し遺言等で利益を与えている場合は「無償」とはいえません。

（3）　被相続人の財産の維持又は増加

　特別寄与料は、療養看護等をしたら自動的に請求できるものではありません。あくまで、療養看護その他の労務の提供をしたことで、「被相続人の財産の維持又は増加」が認められる必要があります。

3　特別寄与者による金銭請求

　特別寄与者が金銭請求をする場合、どのように請求することになるかが問題となります。特別寄与者は、相続人ではありませんので、遺産分割協議の当事者にはなりません。

　あくまで遺産分割の手続外で、相続人に対し金銭請求をすることができることになります（民1050①）。

第4章　寄与分・特別受益に関する問題　167

　特別寄与者による請求期限は、「特別寄与者が相続の開始及び相続
人を知った時から6箇月」以内及び「相続開始の時から1年」以内と
されているので、注意が必要です（民1050②）。

　遺産分割協議は、上記請求期限を待つことなく相続人間で行うこと
ができます。

4　特別寄与者は相続人全員に対して特別寄与料の請求をする必要があるか

　相続人が複数いる場合、特別寄与者としては、誰に対し特別寄与料
を請求するかを考える必要があります。この点、特別寄与者は、その
選択に従い、相続人の一人又は数人に対して特別寄与料の支払を請求
することができるとされていますが、相続人の一人に対し請求できる
金額は、特別寄与料の金額に当該相続人の法定相続分又は指定相続分
を乗じた額にとどまり、特定の相続人に対して特別寄与料の全額を請
求することはできないとされています（民1050⑤参照。堂薗幹一郎＝野口
宣大『一問一答　新しい相続法〔第2版〕－平成30年民法等（相続法）改正、遺言
書保管法の解説』189頁（商事法務、2020））。

5　特別寄与料の額について当事者間に争いがある場合

　特別寄与料の額について争いがある場合、相続人との間で協議が整
わないことになるため、特別寄与者は家庭裁判所に対し、協議に代わ
る処分を請求することができることになっています（民1050②本文）。

　相続人間の寄与分（民904の2）の場合とは異なり、特別寄与料の手続
は、遺産分割手続からは独立しており、遺産分割に関する事件が家庭
裁判所に係属していない場合であっても、家庭裁判所に対し特別寄与
料の額を定めることを請求することができます。

39　居住用不動産を配偶者に生前贈与していた場合

問題がある協議・条項

　被相続人が死亡し、相続人は妻Ａ、子Ｂ、子Ｃである。被相続人の死亡時の遺産は預金2,000万円であるが、被相続人は生前、Ａに対し、被相続人所有の自宅不動産（評価額1,000万円）を贈与していた。なお、被相続人がＡに対して同贈与をした時点で、被相続人とＡが結婚してから30年が経過していた。

　Ｂ、ＣはＡが被相続人から自宅不動産の贈与を受けていたことを指摘し、これを遺産に持ち戻して計算すべきだと主張したため、以下のとおり遺産分割協議が成立した。

（みなし相続財産）

　3,000万円（預金　＋　自宅不動産（持戻し））

（具体的相続分）

　Ａ：3,000万円　×　1/2　－　1,000万円　＝　500万円

　Ｂ：3,000万円　×　1/4　＝　750万円

　Ｃ：3,000万円　×　1/4　＝　750万円

【条項例】

　第○条　被相続人の遺産である下記預金について、Ａが500万円、
　　Ｂが750万円、Ｃが750万円をそれぞれ取得する。

　　　　　　　　　　　　　　　記

　（1）　○○銀行○○支店　普通預金

　　　　口座番号　○○○○○○○

　　　　口座名義　被相続人

　（2）　〔省略〕

第4章　寄与分・特別受益に関する問題　　　169

＜問題点＞

・Aが生前に配偶者から贈与を受けた自宅不動産を、特別受益として
持ち戻して具体的相続分を計算している。

改善例

　Aは、被相続人から贈与を受けた自宅不動産については特別受益と
して持ち戻す必要はないと主張し、以下のとおり遺産分割協議が成立
した。

A：2,000万円　×　1/2　＝　1,000万円

B：2,000万円　×　1/4　＝　500万円

C：2,000万円　×　1/4　＝　500万円

【改善後の条項例】

第〇条　被相続人の遺産である下記預金について、Aが1,000万
円、Bが500万円、Cが500万円をそれぞれ取得する。

記

（1）　〇〇銀行〇〇支店　普通預金

口座番号　〇〇〇〇〇〇〇

口座名義　被相続人

（2）　〔省略〕

解　説

1　特別受益

　特別受益とは、被相続人から遺贈や生前贈与を受けた者がいる場合

において、公平の観点から、当該遺贈及び贈与の事実を、具体的相続分の計算に反映させるという制度です。

　例えば、生前贈与（婚姻、養子縁組のための贈与や、生計の資本としての贈与に限ります。）を受けた相続人がいる場合には、相続開始時における被相続人の遺産（本ケースでは預金）の価額に、当該相続人が受けた贈与（本ケースでは自宅不動産）の価額を加えたものを相続財産とみなし、これに法定相続分を乗じて各相続人の具体的相続分を算出するという計算をした上、贈与を受けた相続人の具体的相続分からは、贈与の価額を差し引くという計算をします（なお、遺贈の場合には少し違った計算方法になりますので、注意が必要です。）。

2　持戻し免除の意思表示

　ここで、贈与の価額を相続分算定の基礎に算入することを、「持戻し」といいます。そして、被相続人の意思を尊重する観点から、相続開始時（死亡時）までに、被相続人が持戻しを免除する意思表示をしていれば、その意思が優先され、上記計算は行われなくなります（民903③）。これを、「持戻し免除の意思表示」といいます。持戻し免除の意思表示は、明示のものでも黙示のものでも構いません。

　本ケースでも、被相続人がAに対する自宅不動産の贈与について、持戻し免除の意思表示をしていれば、自宅不動産の贈与について、持戻しをする必要はなく、前記1記載の計算をする必要はありません。

3　夫婦間の持戻し免除の推定規定

　以上に対し、持戻し免除の意思表示がなかったとしても、夫婦間における居住用不動産の贈与又は遺贈であれば、以下の要件を満たすこ

とにより、持戻し免除の意思表示の存在が推定され、持戻しが不要となります。

（1）　要　件

ア　婚姻期間が20年以上であること

居住用不動産の贈与又は遺贈の時点において、婚姻期間が20年以上である必要があります。結婚、離婚を繰り返している場合であっても、通算して20年以上であれば足ります。もっとも、事実婚（内縁関係）の期間を含めることはできません。

イ　「居住用不動産」の贈与又は遺贈であること

この制度の趣旨は、配偶者の老後の生活保障という点にもあるので、生活の本拠たる居住用不動産を遺贈、贈与した場合についてのみ、適用されます。

（2）　効　果

被相続人が、居住用不動産の贈与・遺贈について、持戻し免除の意思表示をしたと推定され、これらの財産の価額を持ち戻して具体的相続分を計算する必要はなくなります。その結果、端的にいうと、遺産分割における配偶者の取り分は多くなります。

ただし、この規定は、持戻し免除の意思表示を「推定」するにすぎないため、被相続人が異なる意思表示をしている場合等には、適用されないことになります。

（3）　本ケースについて

改善前の条項例であっても、相続人全員が合意している以上、持戻しをしなかったことを理由に協議自体が無効になることはありません。しかし、本ケースは被相続人の持戻し免除の意思表示が推定され

るため、自宅不動産を持ち戻して計算する必要はなく、問題がある協議・条項ではその分Aが損をしてしまっています。【改善後の条項例】では、自宅不動産を持ち戻すことをせずに計算していますので、Aの取り分は多くなっています。

4 配偶者居住権の遺贈についても準用

婚姻期間20年以上の夫婦間において、配偶者居住権が遺贈された場合にも、持戻し免除の意思表示を推定するという民法903条4項の規定が準用されています。

第4章　寄与分・特別受益に関する問題　　173

40　特定の遺産が法定相続分の割合を超える場合に残余遺産を公平に遺産分割したい場合

問題がある協議・条項

　被相続人甲が死亡し、相続人は長男Ａ、長女Ｂ及び次女Ｃの３名である。甲は遺言を残していて、遺言書には甲が所有する不動産（6,000万円相当）をＡに相続させる旨の記載があったが、その余の遺産の扱いについては記載されていなかった。甲には、その余の遺産として6,000万円の預金が残されていた。

　Ａは遺言書に従って不動産を受け取った。Ａ、Ｂ、Ｃは6,000万円の預金を法定相続分に従って2,000万円ずつ分配した。

【条項例】

```
第○条　下記預金のうち2,000万円は、相続人Ａが相続する。
第○条　下記預金のうち2,000万円は、相続人Ｂが相続する。
第○条　下記預金のうち2,000万円は、相続人Ｃが相続する。
                        記
　〔省略〕
```

＜問題点＞

・Ａが不動産を受け取ったことが、遺産分割の際に考慮されていない。

改善例

　被相続人甲が死亡し、相続人は長男Ａ、長女Ｂ及び次女Ｃの３名である。甲は遺言を残していて、遺言書には甲が所有する不動産（6,000

174　　第4章　寄与分・特別受益に関する問題

万円相当）をＡに相続させる旨の記載があったが、その余の遺産の扱いについては記載されていなかった。甲には、その余の遺産として6,000万円の預金が残されていた。

　Ａは遺言書に従って不動産を受け取った。Ａ、Ｂ、Ｃは6,000万円の預金を分配する際に、Ａが不動産を相続しているため、これを特別受益として計算する必要があるとして、以下のとおり分配した（詳細は解説のとおり）。

Ａ：（6,000万円＋6,000万円）×1/3－6,000万円＝△2,000万円（2,000万の超過取得があるが、超過額は取り戻されないため0円）

Ｂ：（6,000万円＋6,000万円）×1/3－1,000万円＝3,000万円（Ａの超過取得2,000万円の1/2である1,000万円はＢ負担になる）

Ｃ：（6,000万円＋6,000万円）×1/3－1,000万円＝3,000万円（Ａの超過取得2,000万円の1/2である1,000万円はＣ負担になる）

【改善後の条項例】

> 第〇条　下記預金のうち3,000万円は、相続人Ｂが相続する。
> 第〇条　下記預金のうち3,000万円は、相続人Ｃが相続する。
> 　　　　　　　　　　　　　記
> 〔省略〕

解　説

1　特別受益と遺言

　共同相続人の中に、被相続人から遺贈を受けたり、生前に贈与を受けたりした者がいた場合に、相続に際して、この相続人が他の相続人と同じ相続分を受けるとすれば、不公平になります。そこで、民法は、

第4章　寄与分・特別受益に関する問題　175

共同相続人間の公平を図ることを目的に、特別な受益を相続分の前渡しとみて、計算上贈与を相続財産に持ち戻して（加算して）相続分を算定することにしています（民903）。

　したがって、遺言の中で共同相続人の一部が受益相続人になった場合には、その受益分を相続財産に持ち戻して（加算して）相続分を算定する必要があります。

2　特別受益がある場合の遺産分割の考え方

　相続開始の時に有していた積極財産（債務を控除しないもの）の額に、相続人が受けた贈与（相続分の前渡しと評価されるもの）の額を加算して「みなし相続財産」とします。

　みなし相続財産を基礎にした上で、各共同相続人の相続分を乗じて各相続人の相続分（一応の相続分）を算定し、特別受益を受けた者については、この額から特別受益分を控除し、その残額をもって特別受益者が現実に受けるべき相続分（相続開始時点での具体的相続分）を確定します（片岡武＝管野眞一『家庭裁判所における遺産分割・遺留分の実務〔第4版〕』239・240頁（日本加除出版、2021））。

3　超過特別受益

　2の考え方を本ケースに当てはめると、各相続人の具体的相続分は以下のとおり計算されます。

	みなし相続財産	法定相続分	控除分	具体的相続分
A：	(6,000万円 ＋ 6,000万円) ×	1/3	－ 6,000万円	＝ △2,000万円
B：	(6,000万円 ＋ 6,000万円) ×	1/3		＝ 4,000万円
C：	(6,000万円 ＋ 6,000万円) ×	1/3		＝ 4,000万円

　ここで、Aが6,000万円の不動産を相続したことによって生じた2,000万円の負担方法を考える必要があります。

ここでは、以下のとおり「具体的相続分基準説」と「本来的相続分基準説」が存し、裁判実務で用いられています（片岡＝管野・前掲369〜371頁）。

（1） 具体的相続分基準説

具体的相続分の割合でA以外の相続人が不足分を負担します。すなわち、2,000万円の不足分をB、C間で上記具体的相続分に応じて負担割合を計算し、それぞれの具体的相続分から控除します。

```
      具体的相続分    不足額      B・Cの具体的相続分割合
B：  4,000万円  －  |2,000万円 × 4,000万円/（4,000万円 ＋ 4,000万円）|
                                    実際の取得分
                                    ＝ 3,000万円
      具体的相続分    不足額      B・Cの具体的相続分割合
C：  4,000万円  －  |2,000万円 × 4,000万円/（4,000万円 ＋ 4,000万円）|
                                    実際の取得分
                                    ＝ 3,000万円
```

（2） 本来的相続分基準説

本来的相続分（この場合は法定相続分）の割合で負担します。

```
      具体的相続分    不足額    B・Cの法定相続分割合    実際の取得分
B：  4,000万円  －  |2,000万円 ×    1/（1 ＋ 1）|   ＝   3,000万円
C：  4,000万円  －  |2,000万円 ×    1/（1 ＋ 1）|   ＝   3,000万円
```

本ケースでは、具体的相続分基準説、本来的相続分基準説のいずれを採用しても結論に差は生じません。遺言で一部遺産の扱いだけ記載されているような場合、特別受益として扱うことを理解して遺産分割協議を進めることが重要です。

第4章　寄与分・特別受益に関する問題　　177

41　生命保険金がある場合

問題がある協議・条項

　被相続人甲の相続人は子であるA及びBの2名である。甲の遺産としては預貯金1億円があり、そのほかにAを受取人とする生命保険契約（保険金額1億円）があった。AとBは、生命保険金はAの固有の財産であると考え、預貯金1億円を2分の1ずつ取得する旨の遺産分割協議を行った。

【条項例】

> 第○条　被相続人甲の下記遺産について、相続人A及びBは、それぞれ2分の1ずつの割合で取得する。
> 　　　　　　　　　　　　　　記
> 　銀 行 名　○○銀行
> 　支 店 名　○○支店
> 　口座種類　普通預金
> 　口座番号　○○○○○○○
> 　口座名義　被相続人
> 　　　　　　　　　　　　　　　　　　　　　　　　　　　以上

＜問題点＞
・生命保険金を特別受益に準ずるものとして持ち戻していない。

改善例

　相続人A及びBは、Aが受け取った生命保険金が特別受益に準ずるものとして持ち戻すこととし、被相続人甲の預貯金は全てBが取得する旨の遺産分割協議を行った。

178　　第4章　寄与分・特別受益に関する問題

【改善後の条項例】

> 第○条　被相続人甲の遺産である下記預貯金について、相続人Ｂ
> が全て取得する。
> 　　　　　　　　　　　　記
> 〔省略〕

解　説

1　生命保険金は遺産分割の対象となるか

　被相続人が生前に締結していた保険契約に基づき、受取人として指定された者が取得する生命保険金は、被相続人の遺産には含まれず、遺産分割の対象とならないとするのが判例の立場です（最判昭40・2・2民集19・1・1）。

　そのため、保険金の受取人として個人が指定されている場合や、保険契約の約款等で受取人が「相続人」とされている場合などは、保険金請求権は、当該受取人又は相続人の固有の財産となり、遺産分割の対象とはなりません。

　ただし、満期保険金請求権は、保険契約で定めた満期が到来した時点で被相続人の財産となりますので、満期後に被相続人が死亡した場合は、遺産分割の対象となります。

2　生命保険金請求権（生命保険金）が特別受益となるか

　生命保険金が遺産分割の対象とならないとすると、受取人となっている一部の相続人だけが生命保険金を取得するという事態が生じることがあり得るため、相続人間の公平を害する結果になることも生じます。

第4章　寄与分・特別受益に関する問題　　179

　このような場合、生命保険金が特別受益として持戻しの対象になることはないのでしょうか（持戻しについては、ケース40を参照してください。）。

　この点、判例は、生命保険金請求権又は生命保険金は、原則として特別受益には該当しないとしつつ、保険金受取人である相続人とその他の共同相続人との間に生じる不公平が民法903条の趣旨に照らし、到底是認することができないほどに著しいものであると評価すべき特段の事情が存する場合には、同条の類推適用により、特別受益に準じて持戻しの対象とするのが相当である旨判示しています（最決平16・10・29民集58・7・1979）。また、特段の事情の有無については、「保険金の額、この額の遺産の総額に対する比率のほか、同居の有無、被相続人の介護等に対する貢献の度合いなどの保険金受取人である相続人及び他の共同相続人と被相続人との関係、各相続人の生活実態等の諸般の事情を総合考慮して判断すべき」としています。

　そのため、単純に、保険金の額や、この額の遺産の総額に対する比率のみで決まるものではありませんが、保険金の額が、遺産の総額に対して50%前後を超えるような場合には、特別受益に準ずるものとして扱われる可能性があるかと思われます。

　本ケースでは、遺産である預貯金1億円に対して、生命保険金が1億円であり、保険金の額が遺産総額に対して100%ですので、特別受益に準ずるものとして扱われる可能性が高いです。

3　持戻しの対象となる場合の価額

　仮に、特段の事情が認められ、生命保険金請求権又は生命保険金が持戻しの対象になるとした場合、その持ち戻す金額がいくらになるかについては、いくつかの考えがあります。

　①実際に受取人が受け取った保険金額とする説、②被相続人が支払

った保険料とする説、③被相続人の死亡時における解約返戻金の額とする説、④保険料の一部を当該受取人が支払っていた場合には、全保険金に対して、被相続人が負担した保険料の全保険料に対する割合を乗じた額とする説などがあります。

　この点については、明確に定まっているものではありませんが、共同相続人間の公平を重視する趣旨からすれば、①を基本としつつ、保険料の一部を受取人が負担していた場合などには、適宜修正をする④が妥当と考えられます。

　本ケースの 改善例 では、生命保険金全額を持ち戻して計算しています。

Aの取得額：

　（遺産1億円 ＋ 持戻し1億円）× 1/2 － 保険金1億円 ＝ 0円

Bの取得額：

　（遺産1億円 ＋ 持戻し1億円）× 1/2 ＝ 1億円

　なお、特別受益が認められる場合の具体的相続分の計算方法については、ケース40を参照してください。

第 5 章

その他の問題

182

第5章　その他の問題　　183

42　成年後見人を選任する必要がある場合

問題がある協議・条項

　重度の認知症に罹患している相続人Aを含めてB及びCが協議し、それぞれ遺産を取得することで合意した。

【条項例】

> 第○条　〔省略〕
>
> 　本遺産分割協議の成立を証するため、本協議書3通を作成し、各自1通を保有する。
>
> 　令和○年○月○日
>
> 　　　　　　　　　　住所　○○県○○市○○町○丁目○番○号
>
> 　　　　　　　　　　氏名　A
>
> 　　　　　　　　　　住所　○○県○○市○○町○丁目○番○号
>
> 　　　　　　　　　　氏名　B
>
> 　　　　　　　　　　住所　○○県○○市○○町○丁目○番○号
>
> 　　　　　　　　　　氏名　C

＜問題点＞

・重度の認知症に罹患している相続人がそのまま遺産分割協議を行っている。

改善例

　重度の認知症に罹患している相続人Aに成年後見人を選任して、Aの成年後見人D、相続人B及び相続人Cで遺産分割協議を行う。

【改善後の条項例】

第○条 〔省略〕

本遺産分割協議の成立を証するため、本協議書３通を作成し、各自１通を保有する。

令和○年○月○日

住所 ○○県○○市○○町○丁目○番○号

氏名 A成年後見人D

住所 ○○県○○市○○町○丁目○番○号

氏名 B

住所 ○○県○○市○○町○丁目○番○号

氏名 C

解　説

1　意思能力を欠く相続人がいる場合

相続人の中に、重度の認知症に罹患しているなど、判断能力が十分でない者がいる場合、そのまま遺産分割協議に関与して遺産分割協議が成立したとしても、同協議は無効とされる場合があります（民３の２）。このような場合には、当該相続人について、成年後見人選任の申立てを行い、家庭裁判所によって選任された成年後見人との間で遺産分割協議を行う必要があります。

本ケースにおいては、Aが重度の認知症に罹患しているため、Aの成年後見人の選任申立てを行った上、 改善例 のように、Aの成年後見人が、Aの法定代理人として、遺産分割協議を行う必要があります。なお、成年後見の申立てを行うことができるのは、本人、配偶者、四親等内の親族などです（民７）。

第5章　その他の問題　　　185

　そのため、本ケースにおいては、Ａ、Ａの配偶者、Ｂ及びＣ（Ｂ及びＣがＡとの関係で四親等内の親族である場合）のいずれかから、家庭裁判所に対して成年後見人選任の申立てをし、成年後見人が選任されてから、遺産分割協議を行う必要があります。

　遺産分割協議をしようとする時点で、Ａに既に成年後見人が選任されている場合もあります。その場合、Ｂ及びＣとしては、当該成年後見人との間で遺産分割協議をすればよく、わざわざ成年後見人選任の申立てをする必要はありません。そして、本人の四親等内の親族であれば、法務局に対し、成年後見登記に関する証明書（登記事項証明書）を請求することができます。これを見れば、本人に成年後見人が選任されているか否か、選任されている場合、誰が成年後見人であるかを確認することができます。

2　成年後見人の選任

　成年後見人の選任申立てをする際に、申立人から成年後見人候補者を指定して申立てをすることもできます。もっとも、必ずしも申立人が指定した候補者が成年後見人に選任されるとは限らず、家庭裁判所が最も適任と考える者を選任します。事案によっては、弁護士や司法書士等の専門家を成年後見人に選任することもあります。特に、本ケースのように、成年後見人を選任する動機が遺産分割協議を行う点にある場合、成年被後見人（本ケースでいうとＡ）を保護する見地から、専門家の成年後見人が選任されることが多いといえます。

　なお、成年後見人選任の申立てをせずに、意思能力を欠く相続人が直接、弁護士に委任をして遺産分割協議を行うことがありますが、無効とされる可能性があります。弁護士に委任をするという行為自体が法律行為であり、その行為には意思能力が必要だからです。

3　意思能力の有無の判断

　意思能力の有無に疑いがある相続人に成年後見人が選任されないまま遺産分割協議を行った場合、後々、裁判等でその協議の有効性（意思能力の有無）が争いになることもあります。意思能力の有無は多様な要素を総合考慮して決定されるものであり、遺産分割協議の時点で、当該相続人に意思能力があるかないかの判断は容易ではありません。そのため、将来の紛争抑止という観点からは、少しでも意思能力に疑いがある相続人がいるのであれば、成年後見人の選任申立てを検討した方がよいでしょう。

第5章　その他の問題　　187

43　特別代理人を選任する必要がある場合

問題がある協議・条項

　被相続人が死亡し、相続人は妻Ａ及び15歳の子Ｂのみである。被相続人の遺産について、ＡはＢの法定相続人（親権者）として、Ａ及びＢがそれぞれ遺産を取得する内容での遺産分割協議を成立させた。

【条項例】

```
第○条　〔省略〕
　本遺産分割協議の成立を証するため、本協議書２通を作成し、
各自１通を保有する。
　令和○年○月○日
　　　　　　　　　　住所　○○県○○市○○町○丁目○番○号
　　　　　　　　　　氏名　Ａ
　　　　　　　　　　住所　○○県○○市○○町○丁目○番○号
　　　　　　　　　　氏名　Ｂ親権者法定代理人Ａ
```

＜問題点＞

・未成年の相続人の親権者が当該未成年の相続人の法定代理人となっている。

改善例

　ＡはＢの特別代理人を選任する手続を行い、選任された特別代理人ＣとＡとの間で遺産分割協議を行った。

188　　第5章　その他の問題

【改善後の条項例】

第○条　〔省略〕
　本遺産分割協議の成立を証するため、本協議書2通を作成し、各自1通を保有する。
　令和○年○月○日
　　　　　　　　　住所　○○県○○市○○町○丁目○番○号
　　　　　　　　　氏名　A
　　　　　　　　　住所　○○県○○市○○町○丁目○番○号
　　　　　　　　　氏名　B<u>特別代理人C</u>

解　説

1　利益相反行為

　未成年者（18歳に満たない者（民4））は民法上、制限行為能力者とされ、親権者が法定代理人として法律行為を代理することができるのが原則とされています（民824）。ただし、民法826条1項は、「親権を行う父又は母とその子との利益が相反する行為については、親権を行う者は、その子のために特別代理人を選任することを家庭裁判所に請求しなければならない。」と規定しており、いわゆる利益相反行為について、親権者は特別代理人の選任を請求する必要があります。

　そして、本ケースにおいて、相続人は、被相続人の妻Aと子Bです。この場合、被相続人の遺産についての遺産分割協議に関し、Aが法定代理人（親権者）としてBを代理すると、Aは自身も同じ遺産分割協議の当事者であるため、自らの取り分を多くし、Bの取り分を少なくすることができてしまいます。

　このように、問題がある協議・条項における遺産分割協議は、A

とBの利益が相反する行為に該当します。そのため、Aは民法826条
1項に従い、家庭裁判所に対して特別代理人の選任を申し立てる必要
があります。特別代理人の選任申立てを行うことなく、AがBの親権
者法定代理人として、遺産分割協議を成立させても、その遺産分割協
議は無効となります（民108）。

　このことは、AがBよりも不利益な内容で遺産分割協議を成立させ
ようとする場合にも、基本的には同様に当てはまります。判例は、利
益相反行為に該当するか否かの判断は、その行為の外形から判断する
からです。ただし、未成年者が遺産全部を取得する場合には、利益相
反行為に該当しないと考えられています。

2　親権者・子以外のケース

　本ケースでは、利益相反が生ずる場面として、親権者と子を例にし
ましたが、その他にも、成年後見人と成年被後見人（民法860条が民法
826条を準用しています。）、保佐人と被保佐人（民876の2③本文）、補助
人と被補助人（民876の7③本文）との関係においても妥当します。なお、
保佐人及び補助人の場合、特別代理人ではなく、それぞれ臨時保佐人、
臨時補助人と呼ばれます。

　また、親権者自身が相続人でなくとも、その親権者の数人の子が共
同相続人となっている場合には、子同士の利益が相反するため、当該
親権者が子らを代理することはできず、同様に特別代理人を選任する
必要があります（民826②）。親権者自身が相続人でなく、その数人の子
が共同相続人となっているケースは少し複雑ですが、例えば以下のよ
うな状況です。

　被相続人には配偶者がおらず、子Aがいたものの、Aは被相続人に
先立って死亡していたとします。Aには配偶者Bとの間に未成年の子

C及びDがいた場合、被相続人の相続に関し、C及びDが代襲相続人となります（代襲相続の意義については、ケース5を参照してください。）。この場合、未成年の子C及びDの親権者はBであり、B自身は被相続人（Bからすると配偶者の親）の相続人にはなりませんが、共同相続人となるC及びDの利益は相反しますので、BがC及びDの法定代理人として遺産分割協議を成立させることはできず、この場合もまた、特別代理人の選任請求が必要となります。

第5章　その他の問題　　191

44　不在者財産管理人を選任する必要がある場合

問題がある協議・条項

　相続人A、B及びCがいるが、相続人Cは行方不明である。そこで、AとBで協議し、AとBでそれぞれ遺産を取得することで合意した。

【条項例】

> 第○条　〔省略〕
> 　本遺産分割協議の成立を証するため、本協議書2通を作成し、各自1通を保有する。
> 　令和○年○月○日
> 　　　　　　　　　　　住所　○○県○○市○○町○丁目○番○号
> 　　　　　　　　　　　氏名　A
> 　　　　　　　　　　　住所　○○県○○市○○町○丁目○番○号
> 　　　　　　　　　　　氏名　B

＜問題点＞

・行方不明の相続人が除かれている。

改善例

　行方不明の相続人Cに不在者財産管理人を選任して遺産分割協議を行う。

【改善後の条項例】

> 第○条　〔省略〕
> 　本遺産分割協議の成立を証するため、本協議書3通を作成し、各自1通を保有する。

令和〇年〇月〇日

　　　　　住所　〇〇県〇〇市〇〇町〇丁目〇番〇号

　　　　　氏名　A

　　　　　住所　〇〇県〇〇市〇〇町〇丁目〇番〇号

　　　　　氏名　B

　　　　　住所　<u>〇〇県〇〇市〇〇町〇丁目〇番〇号</u>

　　　　　氏名　<u>C不在者財産管理人D</u>

解　　説

1　相続人の中に行方不明の者がいる場合

　行方不明の相続人がいるからといって、その者を除外して遺産分割協議を成立させたとしても、その協議は無効になります（ケース12参照）。

　このような場合、他の相続人としては、家庭裁判所に対し、不在者財産管理人の選任を申し立て、選任された不在者財産管理人との間で遺産分割協議を行う必要があります。法律上、不在者財産管理人の選任を申し立てることのできる者は、「利害関係人又は検察官」である（民25）ところ、不在者とともに共同相続人である者（本ケースでいうとA、B）は「利害関係人」に当たるとされていますので、A、Bは不在者財産管理人の選任を申し立てることができます。

　不在者財産管理人の選任申立てを行うためには、対象者（本ケースでいうとC）が「不在」であることが必要です。そのため、連絡が取れない相続人がいたとしても、いきなり不在者財産管理人の選任申立てを検討するのではなく、まずは、不在者の戸籍の附票や住民票を基

第5章　その他の問題　　193

に現住所地を確認し、住所地を訪問して所在を確認することや、親族等から不在者に関する情報を聴取するといった調査を行うことが肝要です。もし、こういった調査により、不在者である相続人の所在が明らかになった場合には、当該相続人との間で遺産分割協議を行うこととなり、調査を尽くしても所在が判明しなかった場合には、当該相続人について、他の相続人が不在者財産管理人の選任申立てを行うことになるでしょう。

　なお、不在者財産管理人は裁判所が選任しますが、実務上、弁護士や司法書士が選任されることが多いです。

2　失踪宣告制度

　不在者のうちでも、生死不明の状態が続いた者については、利害関係人から家庭裁判所に対し、失踪宣告の請求をすることができます（民30）。「生死不明の状態」とは、具体的には、以下のいずれかの要件を満たす必要があります。

① 　普通失踪（民30①）

　　不在者の生死が7年間明らかでないとき

② 　特別失踪（民30②）

　　戦地に臨んだ者、沈没した船舶の中に在った者その他死亡の原因となるべき危難に遭遇した者の生死が、それぞれ、戦争が止んだ後、船舶が沈没した後又はその他の危難が去った後1年間明らかでないとき

　利害関係人の請求により、家庭裁判所が失踪宣告の審判を行うと、当該生死不明の不在者は死亡したものとみなされます。

　例えば、本件において、被相続人が令和6年1月1日に死亡し、相続人Cの生死が7年間明らかでなく、裁判所により失踪宣告がなされ、

令和6年2月1日に死亡したとみなされたとします。そうすると、C
は生死不明の状態ではあるものの、Cを共同相続人に含めることなく、
遺産分割協議を行うことが可能となります。

　しかし、Cに更に相続人がいた場合、例えば、Cに配偶者Dと子E
がいた場合には、Cが被相続人から相続した分を、DとEが更に共同
相続することになりますので、AとBだけで遺産分割協議を行うこと
はできず、A、B、D及びEで遺産分割協議を行う必要があります。

第5章　その他の問題　　195

45　内縁の妻が借家に居住していた場合

問題がある協議・条項

　被相続人甲の長男である相続人A及び長女である相続人Bが、遺産分割協議を行った。なお、甲は生前借家で内縁の妻Cと居住していた。

【条項例】

> 　被相続人甲の遺産を被相続人の長男Aと被相続人の長女Bが以下のとおり分割する。
>
> 1　AとBは甲の預貯金を2分の1ずつ取得する。
>
> 2　Aは、甲の借家権を取得する。

＜問題点＞

・内縁の妻が借家に継続して居住できるか明確となっていない。

改 善 例

　被相続人甲の長男である相続人A、長女である相続人B及び被相続人の内縁の妻C（利害関係者）が、遺産分割協議を行い、被相続人の借家についてAが借家権を相続し、賃貸人Xの了承を得た上、Cに転貸することにした。

【改善後の条項例】

> 　被相続人甲の遺産を被相続人の長男A、被相続人の長女B及び利害関係人C（甲の内縁の妻）が以下のとおり分割する。
>
> 1　AとBは甲の預貯金を2分の1ずつ取得する。
>
> 2　Aは、甲の借家権を取得する。

196　　第5章　その他の問題

　3　AはCに対し、本件借家権の目的である建物を下記のとおり
転貸する。

記

賃貸期間　令和○年○月○日からCが死亡するまで

賃　　料　月額○万円

以上

　4　Aは、前項に当たって、事前に建物の転貸に関し、賃貸人X
の承諾を得るものとする。

解　　説

1　内縁の妻の相続権

　民法は、相続人を子、直系尊属、兄弟姉妹及び配偶者と定めていま
す（民887～890）が、内縁の妻は「配偶者」（民890）に該当するのでしょ
うか。

　通説は、相続関係の画一的処理の要請等を理由に、「配偶者」とは、
被相続人が死亡したときにおいて、法律上有効な婚姻届出を済ませて
いる配偶者のみを指し、内縁の妻は「配偶者」に該当せず、相続権を
有しないと解しており、本件のCは相続権を有しません。

　なお、配偶者短期居住権（民1037）における「配偶者」も、民法890条
の「配偶者」と同じですので、Cは配偶者短期居住権も有しません。

2　借家権の相続対象性

　まず、使用貸借権は、借主が死亡したら消滅するため（民597③）、原
則として、相続の対象とはなりません。

　もっとも、同条の規定があるにもかかわらず、建物所有目的の土地

第5章　その他の問題　　197

使用貸借及び居住用建物の使用貸借が借主の死亡によって当然に消滅
しないと判示する判例（大阪高判昭55・1・30判タ414・95、東京地判平元・
6・26判時1340・106）もあり、個別具体的な事情により、使用貸借権が
相続の対象となることもあります。

　他方、賃借権は、使用貸借権と異なり、民法上借主の死亡により消
滅するとの規定もなく、財産的価値がありかつ一身専属権ともいえな
いため、原則として相続の対象となります。

　そして、賃借権は相続開始により共同相続人との間で準共有状態と
なり、これを解消するための遺産分割をする必要が生じます。

　もっとも、判例は、相続人が公営住宅を使用する権利を当然に承継
すると解する余地はないと判示しており、この点には注意する必要が
あります（最判平2・10・18判時1398・64）。

　したがって、甲とCが公営住宅に住んでいた場合を除き、借家権は
甲の相続の対象となります。

3　内縁の妻が居住を継続できるか

　賃貸人と賃借人が、居住の用に供する目的で建物賃貸借契約を締結
し、その後、賃借人が死亡した場合に、契約の当事者ではない同居者
が継続して当該建物に居住できるのでしょうか（なお、これは賃借人
の相続人が同居していない場合のケースです。）。

　この点について、判例は、事実上の養子、内縁の妻、内縁の夫につ
いて、賃借権が法定相続人に相続されることを前提に、相続人の承継
した賃借権をこれらの者が援用して賃借権を賃貸人に対抗できると判
示しました（最判昭39・10・13判タ169・113、最判昭42・2・21判時477・9、
最判昭42・4・28判時484・51）。

　したがって、本ケースにおいても、Cが、A及びBが相続する甲の
賃借権を援用することができる可能性があります。また、A及びBが

本件借家に居住する必要がない一方でCが本件借家以外に転居先がないとの事情があった場合、A及びBがCに対し、対抗力を具備した賃借権に基づき明渡請求をしても、Cは権利濫用を理由に阻止することができると考えられます。

もっとも、判例は、内縁の者に賃借権の援用が認められる場合であっても、内縁の者が賃借権の譲渡又は転貸を受けたわけではなく、内縁の者が賃借権を取得するものでもないと判示しています（前掲最判昭42・2・21）。

そこで、 改善例 では、本件借家の権利関係を明確にするため、転貸について、Xの承諾を取ることを前提に、AとCとの間で、本件借家に関して賃貸借契約を締結する条項を加えました。

第5章 その他の問題　　199

46　遺産分割の禁止を定める場合

問題がある協議・条項

　被相続人甲の妻である相続人Ａ、長男である相続人Ｂ及び長女である相続人Ｃが合意により10年間、遺産分割を禁止した。

【条項例】（不分割の合意書）

> 　被相続人甲の遺産につき、被相続人の妻Ａ、長男Ｂ及び長女Ｃは、以下のとおり合意した。
> 　Ａ、Ｂ及びＣは、本日から10年間、甲の遺産全部を分割しないものとする。

＜問題点＞

・遺産分割の禁止期間が５年間を超えている。

・遺産分割禁止の登記にかかる費用の負担について何らの定めもしていない。

・遺産である不動産の公租公課等の費用の負担について何らの定めもしていない。

改善例

　被相続人甲の妻である相続人Ａ、長男である相続人Ｂ及び長女である相続人Ｃが２年間、特定の不動産の遺産分割を禁止し、分割禁止の登記についての負担割合と、当該不動産に関する公租公課の負担割合とを定めた。

第5章　その他の問題

【改善後の条項例】（不分割の合意書）

　被相続人甲の遺産につき、被相続人の妻Ａ、長男Ｂ及び長女Ｃは、以下のとおり合意した。

第１条　Ａ、Ｂ及びＣは、本日から２年間、甲の遺産のうち下記不動産を分割しないものとする。

記

〔省略〕

第２条　前条記載の不動産の遺産分割禁止にかかる登記手続費用は、Ａ、Ｂ、Ｃが３分の１ずつ負担する。

第３条　第１条記載の不動産に生じる公租公課等の費用は、Ａが２分の１、Ｂ、Ｃが各４分の１の割合で負担する。

解　説

1　遺産分割の禁止

　民法908条２項は、「共同相続人は、５年以内の期間を定めて、遺産の全部又は一部について、その分割をしない旨の契約をすることができる。ただし、その期間の終期は、相続開始の時から10年を超えることができない。」と規定していますので、共同相続人は、合意により５年以内の遺産分割を禁止することができます。また、同条３項は、「前項の契約は、５年以内の期間を定めて更新することができる。ただし、その期間の終期は、相続開始の時から10年を超えることができない。」と規定しており、遺産分割禁止の期間を、５年を超えない期間で更新することができます。

　なお、遺産分割禁止の期間として５年を超える期間を定めていた場合には、５年を限度で有効と解釈されます。

2 遺産分割の禁止が適当な場面

遺産分割を禁止することが適当な場面としては、相続人や遺産の範囲が明確でない場合や、遺産の種類又は性質上直ちに分割するのがふさわしくないと考えられる場合です。具体的には、以下のような場合です。

（1） 相続人について

① 相続人に胎児がいる場合

② 共同相続人の中に生死不明ないし行方不明の者がいる場合

③ 訴訟の結果によって相続人が変更される可能性がある場合（相続欠格・排除、親子関係の不存在又は認知無効、婚姻や養子縁組の無効等）

（2） 相続財産について

① 遺産の範囲に争いがある場合

② 債務整理後でないと遺産分割に適さないような場合

③ 即時に分割すると遺産の価値が下落する場合

④ 遺産が営業施設で、共同相続人が全てその営業に従事している場合

3 遺産分割の禁止の効果

遺産分割の禁止がなされると遺産分割が一定期間延期されることになり、分割禁止期間経過後に遺産分割手続を進めていくことになります。

遺産分割禁止の対象が不動産の場合、分割禁止の登記をしなければ、その不動産を譲り受けた者に対して、分割禁止を主張することができません。改善例では、分割禁止の登記について、負担割合を明確にするように記載しました。

また、動産について第三者が即時取得（民192）をした場合にも、分割禁止の契約を第三者に対抗することはできません。なお、即時取得に

ついては、ケース12を参照してください。

4　小規模宅地の特例

　小規模宅地等の特例とは、一定の要件に当てはまる土地を相続した際、その一定面積まで、相続税の計算をする際の評価額を50％又は80％減額できるという、相続税法上の特例制度です（租特69の4）。

　そして、その要件は、以下のとおりです。

① 被相続人又は被相続人と生計を一にしていた親族の事業若しくは居住用として利用されていた宅地等であること

② 建物又は構築物の敷地として利用されていたものであること

③ この特例を受けようとする宅地が、相続税の申告期限までに分割されていること

　つまり、遺産分割がなされていないと、原則として、小規模宅地の特例を受けることはできません。

　ただし、申告期限までに遺産分割がされていない宅地であっても、「申告期限後3年以内の分割見込書」を当初申告書に添付し、申告期限から3年以内に分割が確定したときは、小規模宅地の特例の適用を受けることができます。

　なお、この際に必要な手続としては、3年以内に遺産分割が確定してから、4か月以内に「相続税の更正の請求書」を、所轄税務署長に提出することになります（相税32）。

　改善例 では、小規模宅地の特例を受けることができるよう遺産分割禁止の期間を2年間にしています。

5　公租公課等の負担割合

　遺産分割禁止期間中の不動産に関する公租公課の負担割合について定めておくことは必須とはいえませんが、定めておくと後の紛争を避けることができるので、定めておいた方がよいでしょう。

第5章　その他の問題　　203

47　相続開始前に遺産分割協議がなされた場合

問題がある協議・条項

　被相続人甲は、重病を患い余命僅かの状態となっていた。そこで、甲の相続人である妻A、長男B、長女Cは、甲が亡くなる前に、甲の財産について妻Aと長男Bが2分の1ずつ取得する旨の遺産分割協議を成立させた。

　その後、甲が死亡したところ、Cが同遺産分割協議についての有効性を争ってきた。

【条項例】

> 　被相続人甲の財産を、被相続人の妻Aと被相続人の長男Bの間で以下のとおり分割して取得する。
>
> 　〔省略〕

＜問題点＞

・甲が死亡する前に遺産分割協議が行われている。

改善例

　被相続人甲が死亡した後に、甲の相続人である妻A、長男B、長女Cは甲の財産について妻Aが2分の1、長男B及び長女Cが4分の1ずつ取得する旨の遺産分割協議を成立させた。

【改善後の条項例】

> 　被相続人甲の財産を、<u>被相続人の妻A、長男B及び長女Cとの</u>間で以下のとおり分割して取得する。
>
> 　〔省略〕

第5章　その他の問題

解　説

1　相続開始前の遺産分割協議

（1）　効　力

相続人や遺産は、被相続人の死亡により相続が開始したときに確定するものであり、その遺産分割協議や相続放棄は、相続開始後の各相続人の意思でなされるものなので、当事者間で相続開始前にこれらの意思表示をしても無効となります。

（2）　過去の裁判例

過去の裁判例は、相続制度の趣旨に反するとして相続開始前の遺産分割協議の効力を認めませんでした（横浜地川崎支判昭44・12・5判タ256・295）。

2　相続開始前の遺産分割協議の追認

（1）　効　力

上記のとおり、相続開始前の遺産分割協議の効力は認められないとされていますが、共同相続人が相続開始前の遺産分割協議を追認することは可能であるとされています。なお、追認とは、法律行為の効力がないときに、それに効力を生じさせる意思表示のことです。

なぜなら、共同相続人が、相続開始後、新たな遺産分割として、相続開始前の遺産分割協議と同内容の遺産分割協議を成立させることは当然可能ですから、相続開始前の無効な遺産分割協議を、相続開始後に各相続人が追認して効力を生じさせることとしても、何らの問題も生じないといえます。

本ケースの 改善例 は、被相続人が亡くなった後に、改めて遺産分割協議を行った場合となっていますが、上記のとおり、各相続人が追

第5章 その他の問題 205

認すれば、相続開始前の遺産分割協議であっても有効となります。

（2）　過去の裁判例

過去の裁判例は、相続開始前の無効な遺産分割について、追認を認める判断をしています（東京地判平6・11・25判夕884・223）。

3　相続税

相続開始前に行われた無効な遺産分割協議に基づいて納付した相続税については（相続開始後に行われた遺産分割協議において、遺産を受け取らなかった場合）、更正の請求を税務署長にして還付を受けることになります（相税32）。

また、相続開始後に行われた遺産分割協議に基づいて、新たに遺産を受け取った相続人は、改めて相続税の申告を行ってその納付をすることになります。

206 第5章 その他の問題

48 特定の相続人に事業承継させたい場合

問題がある協議・条項

　被相続人が死亡し、相続人は子であるA、B及びCである。被相続人は、生前に個人事業から法人成り（株式会社X）していたが、会社の事務所の土地建物は、被相続人個人の所有となっていた。相続人A、B及びCで遺産分割協議をした結果、Aがその事業を引き継ぐこととなったため、株式会社Xの株式はAが取得することにしたが、会社事務所の土地建物や預貯金については各相続人が3分の1ずつ取得することにした。

【条項例】

第1条　相続人Aは、次の株式を取得する。

　　株式会社X（本店所在地：○○市○○町○丁目○番○号）

　　普通株式　○○株

第2条　相続人A、B及びCは、次の不動産につき持分3分の1
　　ずつを取得する。

　　【土地】　〔省略〕

　　【建物】　〔省略〕

第3条　相続人A、B及びCは、次の預貯金をそれぞれ3分の1
　　ずつ取得する。

　　銀 行 名　○○銀行

　　支 店 名　○○支店

　　口座種類　普通預金

　　口座番号　○○○○○○○

　　口座名義　被相続人

第5章　その他の問題　　207

＜問題点＞

・会社を引き継ぐ相続人が、同社の事業に供されている不動産を単独
　で取得していない。

・会社の債務にかかる連帯保証債務についての取決めがされていな
　い。

改 善 例

　相続人Ａ、Ｂ及びＣは遺産分割協議の結果、株式会社Ｘの株式と、
同社の事業に供されている不動産をＡが取得することにし、他方で、
会社の債務についての連帯保証債務もＡが全て引き受けるものとし、
かつ、Ｂ及びＣの遺留分を侵害することがないよう、預貯金について
はＢ及びＣの２名で取得することとした。

【改善後の条項例】

> 第１条　相続人Ａは、次の株式を取得する。
>
> 　〔省略〕
>
> 第２条　相続人Ａは、次の不動産を取得する。
>
> 　【土地】　〔省略〕
>
> 　【建物】　〔省略〕
>
> 第３条　相続人Ａは、前２条の遺産の取得に伴い、株式会社Ｘの
> 　Ｙ銀行に対する令和〇年〇月〇日付金銭消費貸借契約に基づく
> 　借入債務につき、被相続人の連帯保証債務を免責的債務引受に
> 　よって承継するものとする。なお、免責的債務引受の可否・条
> 　件等については、相続人ＡとＹ銀行との間で協議をして定める
> 　ものとする。

第4条　相続人Ｂ及びＣは、次の預貯金をそれぞれ２分の１ずつ取得する。端数が生じた場合は、当該端数は、相続人Ｂが取得する。
〔省略〕

解　説

1　遺産である株式の特定

遺産である株式の特定の方法については、非上場会社の株式の場合、会社名、株式の種類（普通株式、優先株式など）、株数を記載することにより特定します。

2　法人の事業に供されている被相続人個人の遺産

個人事業主がその後に法人を設立した（法人成り）ような場合、事業主個人名義の不動産を法人が利用していることは少なくありません。

この不動産が、相続によって共同相続人らの共有になってしまうと、共有者間で賃料に関する紛争が生じたり、持分が譲渡若しくは差押えされてしまったり、自由に処分することができなくなってしまったりと、様々な不都合が生じる可能性があります。

持分が第三者に譲渡された場合などは、当該第三者から共有物分割請求がなされ、高額な代償金を支払って持分を確保しなければならないような事態も生じ得ます。

そのため、事業用の不動産は、事業承継者に単独で取得させておくことが、法人経営を安定化させる上で重要になります。

3　連帯保証債務の免責的債務引受

法人が金融機関から借入れを行う場合は、代表取締役個人が当該借

入れについて連帯保証契約を締結していることが多く見られます。

　この連帯保証債務は、相続により当然に各共同相続人の相続分に応じて分割されるため、事業を承継しない相続人らも連帯保証債務を負うことになります。そのため、事業承継者が単独で連帯保証債務を負い、他の共同相続人の連帯保証債務を免責することを決めておくべきです。

　もっとも、共同相続人間での債務引受の合意は、債権者に対しては対抗することができませんので、免責的債務引受をする場合は、事前に債権者から同意を得ておく必要があります。

4　他の相続人の取得分への配慮

　特定の相続人が事業を承継することとなり、株式及び事業に供されている遺産を単独で取得するとなると、他の共同相続人が取得する財産が減少してしまうおそれがあります。

　そうすると、他の共同相続人が株式等の単独取得に合意しないことも考えられますので、事業に関係しない遺産については、できる限り他の相続人に取得させるなど、他の共同相続人との公平性を損なわないような分割内容を検討することが、遺産分割に関する紛争を生じさせない上では重要となります。

　本ケースの 改善例 では、Aが株式と不動産を取得する代わりに、連帯保証債務を免責的に引き受け、かつ、被相続人の預貯金は、BとCに取得してもらうことで、他の相続人との公平性を損なわないよう配慮した内容としています。

　なお、事業に関係しない遺産を他の相続人が取得するだけでは公平性が損なわれ、他の相続人が納得しない場合には、事業を承継する相続人が別途代償金を支払って公平性を保つことも考えられます。

210　　第5章　その他の問題

49　診療所（個人事業）を特定の相続人に承継させたい場合

問題がある協議・条項

　相続人A、B及びCのうち、Aが、被相続人が生前経営していた○○診療所にかかる一切の財産を取得することで合意した。

【条項例】

> 第○条　相続人Aは、被相続人が生前経営していた○○診療所にかかる一切の財産を取得する。

＜問題点＞
・相続する財産が個別に特定されていない。
・債務引受や契約上の地位の引受けについて記載がない。

改善例

　相続人A、B及びCのうち、Aが、被相続人が生前経営していた○○診療所の敷地、建物、医療機器、医薬品などの財産を取得し、債務引受や契約上の地位の引受けをすることを定めた。

【改善後の条項例】

> 第○条　相続人Aは、被相続人の下記の遺産を取得する。
> 記
> 1　別紙物件目録〔省略〕1記載の土地（「○○診療所」の敷地）
> 2　別紙物件目録〔省略〕2記載の建物（「○○診療所」の建物）
> 3　○○診療所内に存在するレントゲン機器、CT機器などの医療機器、医薬品などの棚卸資産その他○○診療所において医療行為をするために必要な一切の資産及び診療報酬請求権
> 以上

第5章　その他の問題　　　　211

> 第〇条　相続人Ａは、被相続人のＸ銀行からの借入債務その他〇
> 〇診療所において医療行為を行うために負担した一切の債務を
> 免責的債務引受によって承継するものとする。なお、免責的債
> 務引受の可否・条件等については、相続人ＡとＸ銀行との間で
> 協議をして定めるものとする。
> 第〇条　相続人Ａは、被相続人が〇〇診療所で診療行為を行うに
> 当たり締結している各種契約（リース契約、雇用契約、診療契
> 約、業務委託契約等）にかかる被相続人の地位を引き継ぐ。相
> 続人Ａは各契約の相手方から同意を得られるよう努めるものと
> し、相続人Ｂ及びＣは必要な協力を行う。
> 第〇条　相続人Ｂ及びＣは、次の遺産をそれぞれ２分の１ずつ取
> 得する。
> 　預貯金　〇〇銀行〇〇支店　普通預金
> 　　　口座番号　〇〇〇〇〇〇〇
> 　　　口座名義　〇〇〇〇（被相続人）

解　説

1　個人事業の医療機関

　病院や診療所（クリニック）等の医療機関は、個人事業として営ま
れている場合と、医療法人となっている場合でその承継の方法が異な
ります。

　医療法人となっている場合は、病院や診療所の運営に必要な資産（不
動産、医療機器、医薬品等）や契約関係（賃貸借契約、リース契約、
雇用契約、業務委託契約、診療契約等）は医療法人に帰属しています
ので、出資持分がある医療法人の場合は、被相続人が保有していた当

該医療法人の出資持分を特定の相続人が承継する旨を記載すれば足ります。他方、出資持分がない医療法人の場合は、当該医療法人に関する権利は相続の対象となりません（なお、平成18年の医療法改正により現在は新たに持分の定めのある医療法人を設立することはできません。）。

医療法人となっておらず、個人事業の場合は、病院や診療所の運営に必要な資産は、全て被相続人の所有となります。また、各種契約も被相続人が当事者となって締結していることになります。そのため、それらの資産を個別に承継する旨を記載する必要があり、契約関係も個別に引き継ぐ必要があります（契約を特定の相続人が引き継ぐ場合は、契約の相手方の同意が必要です。）。

2　借入債務及び契約関係の承継

被相続人が、診療所を運営するに当たり、金融機関等から借入れをしていることがあります。被相続人が死亡した場合、当該借入債務については、相続人全員が各法定相続分に応じて当然に承継負担することになります。ただ、被相続人の診療所を特定の相続人が承継する場合には、これらの借入債務は当該相続人が引き継ぎ、他の相続人は借入債務を負担しないというのが、各相続人の通常の意思かと思われますので、遺産分割協議書にその旨を明記しておく必要があります。

もっとも、このように特定の相続人だけが借入債務を引き受けるのは、免責的債務引受に当たり、債権者の同意が必要となります。そのため、被相続人の診療所を引き継いで運営していくということを債権者に説明し、同意を得られるよう尽力する必要があります。

その他の契約関係についても、被相続人たる前院長の地位を、原則として相続人全員が承継することになりますが、そのうち特定の相続

第5章　その他の問題　213

人のみが承継する場合には、その旨を遺産分割協議書に記載するとともに、契約の相手方の同意が必要となります。

3　行政の許認可手続

　医療法人の場合は、当該法人が医療機関を運営するため、被相続人の出資持分を特定の相続人が承継した場合も、許認可等に影響はありませんが、個人事業の場合は、被相続人の死亡により診療所は当然に廃止となり（医療9②）、承継する相続人が新たな診療所を開設することになります。そのため、当該相続人は、新たに病院の開設許可等の許認可を取得する必要があります（承継の前後で診療所名、建物、従業員などの外見が異ならない場合でも同様です。）。

　これは、被相続人の事業は一旦廃止となり、診療所を承継する相続人が新たに開業するということを意味するため、特に病院や有床診療所では、新規開業時に病床数が認められないおそれが生じます。

　また、病床当たりの面積などについても、新基準への適合が求められる可能性があります。

　そのため、これらの点については、あらかじめ行政に確認しておく必要があります。

4　他の相続人の遺留分への配慮

　診療所に関する財産を特定の相続人が承継することにより、他の相続人の遺留分を侵害するおそれがある場合は、預貯金などの流動資産の一部を他の相続人に相続させたり、又は不動産等を他の相続人と共有とするなどして、遺留分を侵害しないように配慮することも必要です。

　改善例では、この点に配慮し、診療所を承継しない相続人は預貯金を取得することとしています。

214　　第5章　その他の問題

50　相続放棄をするか迷いながらも、熟慮期間を意識して遺産分割協議を進めた場合

問題がある協議・条項

　被相続人甲の長男である相続人A、次男である相続人B及び三男である相続人Cのうち、Aは相続放棄をした。甲の生前、甲は親族であるDの法定相続人だったが、Dが債務を抱えた状態で死亡したために、甲が相続放棄をしようか検討している中で亡くなったことから、Aは、甲がDの相続人であること、Dが債務を負っていたことを知り、甲の遺産を相続することは危険であると判断し、甲の遺産額を確認することなく、相続放棄の手続を取った。他方、B及びCは、甲がDの相続人であること、Dが債務を負っていたことを知ったが、甲の遺産額が大きいと考え、B及びCにて協議を行い、B及びCがそれぞれ遺産を取得することで合意した。

【条項例】

> 　被相続人甲の遺産相続につき、被相続人の次男Bと被相続人の三男Cが遺産分割協議を行い、次のとおりに遺産分割の協議が成立した。
>
> 第○条　　〔省略〕

<問題点>

・相続放棄の手続を取る際に債務額を精査せず、遺産分割協議から外れている。

第5章　その他の問題　　215

改善例

　Aは、被相続人甲がDの相続人であること、Dが債務を負っていたことを知り、甲の遺産を相続することは危険であると考えたので、Dの債務額及び甲の遺産額を十分に調査しようと考え、相続放棄の熟慮期間を伸長する手続を取り、その結果、Dの債務額が大きくないことを確認し、甲の遺産を相続する決断をした。その結果、A、B、Cの3名で遺産分割協議を行った。

【改善後の条項例】

> 　被相続人甲の遺産相続につき、被相続人の長男Aと被相続人の次男Bと被相続人の三男Cが遺産分割協議を行い、次のとおりに遺産分割の協議が成立した。
>
> 第○条　〔省略〕

解　説

1　相続放棄

　相続は、人の死亡によって開始します（民882）。相続の効力は相続開始と同時に当然に生じ、被相続人の権利義務のうち一身専属性のあるものを除く一切の権利義務が相続人に承継されます（民896）。

　もっとも、相続するか否かについて、相続人の意思が尊重される必要があります。そこで、民法は相続人に相続の効果を受けるか、それとも拒否するか選択することを認めています。相続を拒否する場合に行う選択が相続放棄となります。

　民法上、相続人は、自己のために相続の開始があったことを知った時から3か月以内に、相続について、単純若しくは限定の承認又は放

棄をしなければならないと規定されています（民915①本文）。

そこで、相続放棄をしたい相続人は、自己のために相続の開始があったことを知ったときから3か月以内に、相続放棄する旨を家庭裁判所に申述することになります（民938）。

そして、相続放棄をした者は、その相続に関して、初めから相続人とならなかったものとみなされます（民939）。

相続人にとって、相続をすることはプラスの財産を相続するだけではなく、マイナスの財産（借金等）も相続することを意味します。その意味で、相続をする上で被相続人の財産状況を知ることは非常に重要です。

被相続人の財産状況を知り、マイナスの財産が多い場合には、相続放棄をすることにより、被相続人の借金を引き継ぐことはなくなります（ただし、この場合にはプラスの財産を受け取ることもできません。）。

2　熟慮期間

上記のとおり、相続人が相続放棄を選択する場合、自己のために相続の開始があったことを知ってから3か月以内に相続放棄をする必要があります。相続財産の調査に一定の時間を要する一方で、相続関係を早期安定させて相続債権者などに不利益を与えないことも必要であるため、3か月という期間が定められています。このように相続放棄をするか否かについて熟慮できる期間を熟慮期間といいます。

熟慮期間に関しては、その起算点（3か月がいつからスタートするか）がよく問題になります。民法上は、「自己のために相続の開始があったことを知った時」と定められていますが、これを、単に被相続人が死亡した事実を知った時とするのか（相続開始原因覚知時説）、それとも、被相続人の死亡の事実に加えて、それによって自己が相続人と

なったことを覚知した時とすべきか（相続人覚知時説）、について等です。

　最高裁は、この点について、原則として相続人覚知時説によるとした上で、自己のために相続の開始があったことを知った時に、相続人が、相続財産が全く存在しないと信じていたために熟慮期間を徒過した場合、そう信じるについて相当な理由がある場合には、例外的に、相続人が相続財産の全部若しくは一部の存在を認識した時又は通常これを認識しうべかりし時から熟慮期間を起算すべきと判断しました（最判昭59・4・27民集38・6・698）。

　また、近時の最高裁は、親族の残した債務の相続人になった親が、相続放棄せずに死亡した場合における子の熟慮期間について、相続人（子）は、自己が被相続人（親）の相続人となったことを知らなければ、当該被相続人からの相続について承認又は放棄のいずれかを選択することはできないのであることを理由に、民法916条にいう「その者の相続人が自己のために相続の開始があったことを知った時」とは、「相続の承認又は放棄をしないで死亡した者（親）の相続人（子）が、当該死亡した者からの相続により、当該死亡した者が承認又は放棄をしなかった相続における相続人としての地位を、自己が承認した事実を知った時をいうものと解すべきである」と示しています（最判令元・8・9民集73・3・293）。

3　熟慮期間の伸長

　熟慮期間は、利害関係人又は検察官の請求によって、家庭裁判所において伸長することができるとされています（民915①ただし書）。

　相続財産が単純で、また、被相続人と同居してきた相続人であれば、3か月の熟慮期間で相続放棄するか否か選択することができるのかもしれませんが、相続財産が複雑であったり、相続人と同居しておらず

財産関係がよくわからない場合には、3か月では相続するか相続放棄するか決めきれないことも想定されるところです。

　本ケースにおいて、Aは亡Dの債務額をしっかり調査せずに相続放棄の選択をしました。これ自体はリスクの捉え方の問題であるため、一つの選択肢として十分に考えられるのですが、もし熟慮期間内に相続放棄の手続をしなければならないことに焦り、十分に調査できなかったのだとしたら、相続放棄の選択が正しかったのかわからなくなります。このような場合には、熟慮期間の伸長によって亡Dの債務額、甲の資産額をしっかり調査した上で相続放棄をするか検討することもできたように思われます。

　熟慮期間を伸長できることを知らない方も多いところですので、注意が必要です。熟慮期間の起算点や伸長に関しては、事案ごとの判断の要素も強いところですので、慎重に検討すべきでしょう。

第5章　その他の問題　　219

51　遺産分割協議が相続税申告期限に間に合わない場合

問題がある協議

　被相続人甲の遺産相続につき、被相続人の長男Aと被相続人の長女Bは遺産分割協議を行ったが、相続税の申告期限までに話合いがまとまらなかった。

　そこで、相続税の申告期限後に、遺産分割協議が成立してから相続税の申告と納税を行った。

＜問題点＞

・相続税の申告期限に間に合わなかった場合、相続税の特例の適用を受けることができなくなる。

・申告期限までに納税をしなかった場合、延滞税が発生してしまうことになる。

改 善 例

　被相続人甲の遺産相続につき、被相続人の長男Aと被相続人の長女Bは遺産分割協議を行ったが、相続税の申告期限までに話合いがまとまらなかった。

　そこで、未分割として相続税の申告を行い、同時に申告期限後3年以内の分割見込書を提出して、納税を行った。

　その後、申告期限から3年以内に遺産分割協議が成立したので、更正の請求を行った。その結果、相続税の特例の適用を受けることができ、相続税の還付をしてもらった。

220　　　第５章　その他の問題

解　　説

1　相続税の申告及び納税が必要な場合

　相続は、被相続人が亡くなることによって開始します（民882）。相続が開始した場合、必ず相続税の申告及び納税を行わなければならない訳ではなく、相続又は遺贈により取得した財産（被相続人の死亡前３年以内に被相続人から贈与により取得した財産を含みます。）の合計額が遺産にかかる基礎控除額を超える場合に必要となります。

　したがって、基礎控除額を超えない場合には、相続税の申告及び納税は必要がないことになります。基礎控除額は、「3,000万円＋（600万円×法定相続人の人数）」で計算されます。

2　相続税の申告及び納税の期限

　相続税の申告は、被相続人が死亡したことを知った日（通常の場合は、被相続人の死亡の日）の翌日から10か月以内に行わなければならないことが定められています（相税27①）。また、申告書提出期限までに相続税を納付しなければならないことが定められています（相税33）。

　なお、申告及び納税の期限の最終日が土曜日、日曜日、祝日である場合には、その翌日が申告及び納税の期限となります。

3　遺産分割協議が相続税の申告期限に間に合わない場合の対処法

　問題がある協議 では、遺産分割協議を行いましたが、相続税の申告期限までに話合いがまとまらなかったため、相続税の申告期限後に相続税を支払いました。しかし、相続税の申告期限に間に合わない場合、何の対策もしなければ、相続税の特例（税負担を軽減する措置）を適用することができず、さらに、延滞税が発生してしまうことになります。

　そこで、改善例 のとおり、未分割として相続税の申告を行うことが考えられます。この時点では、小規模宅地等の特例や配偶者の税額

第5章　その他の問題　　　221

の軽減の特例などは適用することはできませんので、法定相続分どおりに申告することになります。

その後、申告期限から3年以内に遺産分割協議によって取得する財産及びその税額が決まった場合には、特例を適用することが可能となります。未分割による申告の税額と異なるときは、実際に取得した財産の税額に基づいて修正申告（初めに申告した税額よりも実際に分割した税額が多い場合）又は更正の請求（初めに申告した税額よりも実際に分割した税額が少ない場合）をすることができます。

4　遺産分割協議成立後の修正申告又は更正の請求はいつまでにすればよいか

（1）　修正申告

相続税法31条1項は「修正申告書を提出できる」と規定しているので、条文上は期限がないことになります。もっとも、相続人の誰か一人について更正の請求により相続税が還付された場合には、追加納付になる相続人に対して追加納付が求められることになります（相税35③）。

（2）　更正の請求

未分割で申告をした後に遺産分割が行われ、実際に取得する財産が法定相続分よりも少なくなった場合、更正の請求をすることにより相続税の額を少なくすることができます。この時、特例の種類によって更正の請求の期限が異なります。

配偶者の税額軽減の特例に関する更正の請求の期限は、遺産分割が行われた日の翌日から起算して4か月（相税32）と、相続税の申告期限から5年（税通23①）のいずれか遅い日となります（相基通32-2）。

小規模宅地の特例に関する更正の請求の期限は、遺産分割が行われた日の翌日から起算して4か月（相税32）となります。ここで、一部分割により特例の対象となる土地が先行して分割された場合には、当該分割された日から4か月となりますので、注意が必要です。

52 法定相続情報証明制度を利用したい場合

問題がある協議

遺産分割協議成立後、相続人が被相続人の財産の名義変更をしたり、不動産の登記をしたりするためには、被相続人が生まれてから死亡するまでの全ての除籍謄本及び戸籍謄本の原本が必要となる。

被相続人甲の遺産分割協議が成立したので、遺産分割協議書に従って複数の銀行口座を解約しようとしたが、各銀行ごとに戸籍謄本及び除籍謄本の原本を提出して還付してもらわなければならず、非常に時間がかかった。

＜問題点＞

・除籍謄本又は戸籍謄本の原本を取得するためには費用がかかるため、通常は1通を取得することになるが、各金融機関や法務局に提出する際には原本を提出してその都度還付してもらう手続が必要となるため、手続を同時進行することが困難であり、原本紛失のリスクがあること、手続に時間を要することが見込まれるほか、煩雑である。

改善例

法定相続情報証明制度を利用して法定相続情報一覧図を取得したので、各銀行に対して法定相続情報一覧図を提出することにより、手続をスムーズに行うことができた。

第5章　その他の問題　223

解　説

1　法定相続情報証明制度とは

　法定相続情報証明制度とは、相続人を特定することができる戸籍謄本・除籍謄本の原本と相続関係一覧図を法務局に提出することにより、登記官の認証文を付した法定相続情報一覧図の写しが無料で交付される制度をいいます。

　法定相続情報証明制度は、相続登記を促進するために創設された制度でしたが、現在は登記以外にも利用できる範囲が広がっています。この制度を利用することにより、相続登記、被相続人名義の預金の払戻し、相続税の申告、年金手続等において、戸籍等の原本一式書類の提出の代わりに、法定相続情報一覧図の写しを提出することが可能となります。

　名義変更の手続が複数にわたる場合には、法定相続情報証明制度の利用を検討するとよいでしょう。

2　申出者の範囲

　申出ができる範囲は、被相続人の相続人（当該相続人の地位を相続により取得したものを含みます。）となります。

3　法定相続情報一覧図の取得費用

　法定相続情報一覧図の取得費用は無料で、必要な枚数を取得することが可能です。また、申請の際に必要である戸籍謄本・除籍謄本の原本は返却されます。

4　法定相続情報一覧図の有効期限

　期限はありません。

5 法定相続情報一覧図の保存期間

法定相続情報一覧図の保存期間は、申出日の翌年から起算して5年間です（不登則28の2六）。

6 再交付

当初の申出人は、法務局に対して再交付申出をすることによって、再交付を受けることができます。したがって、他の相続人が再交付を希望する場合は、当初の申出人からの委任が必要になります。

5に記載の通り、法定相続情報一覧図の保存期間は5年であるため、5年間は再交付を受けることができます。

7 法定相続情報証明制度の注意点

法定相続情報一覧図は、戸籍謄本等の記載に基づいて法定相続人が記載されている書面となります。すなわち、相続放棄や遺産分割協議の結果は反映されていないので、実際には相続人ではない者が含まれている可能性があります。

また、被相続人や相続人が日本国籍を有しないなど、戸籍謄本等を添付することができない場合には、この制度を利用することはできません。

第5章　その他の問題　　225

53　遺産分割協議で定めた義務を履行しない場合

問題がある協議・条項

　被相続人の妻である相続人Ａ、子である相続人Ｂ、Ｃ及びＤは、Ａが不動産を取得する代わりに相続債務も全て取得することとし、相続債務の履行期についても合意した。

【条項例】

第〇条　次の不動産は、Ａが取得する。
　　土　　地
　　　所　　　在　〇〇県〇〇市〇〇町〇丁目
　　　地　　　番　〇〇番〇〇
　　　地　　　目　宅地
　　　地　　　積　〇〇・〇〇平方メートル
　　建　　物
　　　所　　　在　〇〇県〇〇市〇〇町〇丁目〇番〇号
　　　家屋番号　〇〇番〇〇
　　　種　　　類　居宅
　　　構　　　造　〇〇
　　　床　面　積　1階　〇〇・〇〇平方メートル
　　　　　　　　　2階　〇〇・〇〇平方メートル
第〇条　相続債務の全てをＡが取得し、Ａは、令和〇年〇月〇日限り、相続債務を履行する。

＜問題点＞

・Ａが相続債務を期限までに履行しなかった場合に、本ケースの遺産分割協議の効力を失わせることができない。

226　第5章　その他の問題

改善例

　被相続人の妻である相続人Ａ、子である相続人Ｂ、Ｃ及びＤは、Ａ
が不動産を取得する代わりに相続債務も全て取得することとし、Ａが
履行期までに相続債務の履行をしなかった場合、本遺産分割協議の効
力を失わせることとした。

【改善後の条項例】

第〇条　次の不動産は、Ａが取得する。

　　土　　地

　　　所　　在　〇〇県〇〇市〇〇町〇丁目

　　　地　　番　〇〇番〇〇

　　　地　　目　宅地

　　　地　　積　〇〇・〇〇平方メートル

　　建　　物

　　　所　　在　〇〇県〇〇市〇〇町〇丁目〇番〇号

　　　家屋番号　〇〇番〇〇

　　　種　　類　居宅

　　　構　　造　〇〇

　　　床面積　1階　〇〇・〇〇平方メートル

　　　　　　　　2階　〇〇・〇〇平方メートル

第〇条　相続債務の全てをＡが取得し、Ａは、令和〇年〇月〇日

　　限り、相続債務を履行する。

第〇条　Ａが前条に違反した場合、本件遺産分割協議は、何らの

　　通知催告を要することなくその効力を失う。

第5章　その他の問題　　227

解　説

1　遺産分割協議と債務負担

　遺産分割の協議において、共同相続人の一人又は数人が遺産の大部分を取得する代わりに、一定の債務を負担することを約する例は多くみられます。

　その債務を負担する共同相続人が約束どおりに実行しない場合に、他の共同相続人からは、遺産分割をやり直して、別の共同相続人に遺産を取得させて債務を負担させよう、という話が持ち出されることがあります。ここで問題となるのが、共同相続人の一人が遺産分割協議で決めた債務を履行しない場合に、遺産分割協議をやり直すことができるのかという点です。

2　債務不履行解除・合意解除の可否

　最高裁平成元年2月9日判決（民集43・2・1）は、遺産分割協議での合意に反して共同相続人の一人が老母と同居せず介護をしない場合であっても、他の共同相続人は民法541条による解除ができない旨判示しています。同判例は、遺産分割はその性質上、協議が成立したと同時に終了するものであり、民法541条による法定解除を認めると、法的安定性が著しく害されることを考慮しています。

　他方、最高裁平成2年9月27日判決（民集44・6・995）では、共同相続人の全員が、既に成立している遺産分割協議の全部又は一部を合意により解除した上で、改めて遺産分割協議をすることについては、これを認めています。したがって、A、B、C、Dの全員が合意すれば、遺産分割協議を解除して再分割協議することができます。しかし、A、B、C、Dの一人でもこれに応じてくれない者がいると、遺産分割協議のやり直しはできません。

そのため、上記の 問題がある協議・条項 にあるような定め方だと、一度遺産分割協議が成立してしまった以上は、協議時に相続人間で錯誤、詐欺、強迫等の意思表示の瑕疵があると認められない限り、あるいは、共同相続人全員が解除につき合意しない限り、遺産分割協議の効力を否定して遺産分割をやり直すことができなくなってしまいます。

3 解除条件

遺産分割協議の際に、条件を設定することもできます。条件とは、遺産分割協議などの法律行為の効力を、将来発生するか否か不確実な事実の成否にかからせる旨の合意をいいます。そして、条件が成就することによって効力が消滅するのが、解除条件です。

そこで、例えば、あらかじめ共同相続人間で一定の解除事由が生じた場合に当該遺産分割協議の効力を失わせること（解除条件条項）を定めておくことで、当該事由が生じた際に遺産分割協議の効力を失わせて改めて分割協議することが可能となります。東京地裁平成25年10月3日判決（平24（ワ）25152）（以下「平成25年判決」といいます。）も、一義的かつ明確な解除条件が設定され、その解除条件が成就した場合には、遺産分割協議の効力が失われることを前提にしています。

条件の有効性について、東京地裁昭和59年3月1日判決（判時1155・277）は、「情誼関係が破綻した場合には遺産分割協議は解除される」といったような解除条件は、相続法律関係を徒らに不安定、不明確にするものであり、無効としています。他方、上記平成25年判決では、「第3条（相続債務はBが相続する）に違約」との解除条件については、これを素直に読めば、Bが相続債務を履行しなかった場合と解するのが自然であり、一義的で明確であるとしています。なお、上記平成25年判決は、解除条件が成就したとしても、例えば、遺産分割により取

第5章　その他の問題　　　229

得した不動産を第三者に譲り渡してしまったなど、既に対外的に第三者と利害関係が発生している場合は、そのような第三者の利益を害することはできないとみるべきと判示しています。

　本ケースでは、改善例のような解除条件を定めたとしても、相続債務の具体的内容によっては当該解除条件の明確性が問題になったり、第三者との利益との関係で問題になったりする可能性は否定できませんが、Ａが相続債務をなかなか履行してくれない場合に備えて、改善例のような解除条件を定めておくことは、一つの策として考えられます。

第5章　その他の問題

54　遺産分割協議後に遺言が見つかった場合

問題がある協議・条項

　被相続人甲が亡くなったので、被相続人の長男Aと被相続人の長女Bは、両者が甲の遺産を2分の1ずつ取得する旨の遺産分割協議を成立させた。

　その後、甲の遺産を全てAに相続させる旨の甲の遺言が見つかった。

【条項例】

> 　被相続人甲の遺産を、被相続人の長男Aと被相続人の長女Bが以下のとおり分割する。
>
> 　〔省略〕

＜問題点＞

・被相続人が遺言を作成していたかどうかについて調査を尽くしていない。

改善例

　上記の遺産分割協議の成立後に、被相続人甲の遺言が見つかったが、長男Aと長女Bが話し合い、同遺産分割協議を維持することに同意した。

【改善後の条項例】

> 　<u>以下の遺産分割協議の内容と異なる被相続人甲の遺言が存在しているが、</u>被相続人甲の遺産を、被相続人の長男Aと被相続人の長女Bが以下のとおり分割する。
>
> 　〔省略〕

第5章　その他の問題　　231

解　説

1　遺言と遺産分割の関係性

（1）　原　則

遺言者の意思を尊重するという遺言制度の趣旨から、遺言は法定相続に優先すると考えられています。

したがって、遺産分割協議成立後に、これと異なる内容の遺言が発見された場合には、既に成立した遺産分割協議は無効となり、遺言の内容に従って遺産分割をやり直す必要が生じます。

（2）　相続人全員の同意

もっとも、相続人全員（第三者への遺贈がある場合には、当該第三者も含みます。）の同意がある場合には、遺言と異なる内容の遺産分割協議を行うことも有効と解されています。これは、相続人全員の意思が一致する場合には、その意思を尊重しても遺言者の意思に直ちに反するとは認められないこと、また、遺言に従って遺産の帰属が決まった後に、相続人間で贈与や交換を行ったのと法的には同じと考えることができるからです。

上記のとおり、相続人全員の同意があれば、遺言と異なる内容の遺産分割協議を行うことも可能であるとすれば、遺産分割協議後にそれと異なる内容の遺言が発見された場合でも、相続人全員が遺言の内容を理解した上で、既に成立した遺産分割協議の結果を維持することに同意した場合には遺産分割協議をやり直す必要はないと考えられます。なお、遺産分割協議の結果を維持した場合、後に遺言の存在を理由に紛争となることが考えられますので、それを避けるために、本ケースの【改善後の条項例】において、「以下の遺産分割協議の内容と異なる被相続人甲の遺言が存在しているが」という文言を加筆しています。

他方、相続人全員の同意が得られない場合には、原則に戻って遺産分割協議をやり直す必要があります。

2　発見された遺言が、相続人以外の者に全ての遺産を遺贈する（包括遺贈）内容だった場合

（1）　相続人以外の者への全部包括遺贈

この場合には、被相続人の死亡によって遺言の効力が発生し、直ちに遺産の全てが当該受遺者に帰属されるため、遺産分割の対象となる財産がなかったことになります。

したがって、遺言が発見される前の遺産分割協議は無効となります。

（2）　全部包括遺贈の放棄

包括受遺者（包括遺贈を受けた者）が遺贈を放棄すると、包括遺贈は最初からなかったことになり（民990・939）、全ての遺産は相続人に帰属します。

その場合、遺言が発見される前の遺産分割協議は、遺言の内容に反することはなくなるので、改めて遺産分割をする必要がなくなります。

3　発見された遺言が、相続人以外の者に特定遺贈（特定の財産の遺贈）をする内容だった場合

（1）　相続人以外の者への特定遺贈

この場合には、当該遺産は被相続人の死亡によって直ちに受遺者に帰属します。したがって、当該遺産は遺産分割の対象とはならず、当該遺産に関する遺産分割は無効になります。また、当該遺産が、遺産全体に占める割合や重要性等に鑑み、当該遺言の存在及び内容を知っていれば、そのような遺産分割協議をしなかったと認められる場合には、遺産分割協議全体が無効となります。

第5章　その他の問題　　233

（2）　特定遺贈の放棄

　受遺者は、遺言者の死亡後、いつでも、遺贈の放棄をすることができ、遺言者の死亡の時に遡ってその効力を生じます（民986）。

　したがって、この場合も、遺言が発見される前の遺産分割協議は、遺言の内容に反することはなくなるので、改めて遺産分割をする必要がなくなります。

4　発見された遺言が、特定の相続人に包括遺贈する内容だった場合

（1）　特定の相続人への包括遺贈

　この場合には、遺産の全てが被相続人の死亡によって直ちに特定の相続人に帰属します。したがって、2（1）と同様、遺産分割全体が無効となります。

（2）　包括遺贈の放棄

　特定の相続人が包括遺贈を放棄した場合には、放棄をしてもその相続人は相続人としての地位が残るため、遺言が発見される前の遺産分割協議の内容が遺言の内容と異なる場合には、同遺産分割協議が被相続人の意思に反することになります。

　したがって、この場合には、遺産分割協議をやり直す必要があるでしょう。もっとも、相続人全員の同意があれば、従前の遺産分割協議と同じ内容の遺産分割協議を成立させることも可能です。

5　発見された遺言が、特定の相続人に特定遺贈する内容だった場合

（1）　特定の相続人への特定遺贈

　この場合には、当該遺産は被相続人の死亡によって直ちに特定の相

続人に帰属します。したがって、3（1）と同様、当該遺産の遺産分割は無効となり、さらに、当該遺産が遺産全体に占める割合や重要性等によっては遺産分割全体が無効となります。

（2）　特定遺贈の放棄

特定の相続人が特定遺贈を放棄した場合も、包括遺贈の場合と同様です。

したがって、4（2）と同様、遺産分割協議をやり直す必要があるでしょう。相続人全員の同意があれば、従前の遺産分割協議と同じ内容の遺産分割協議を成立させることが可能であることも同様です。

6　発見された遺言が、特定財産承継遺言（特定の相続人に特定の財産を「相続させる」旨の内容）だった場合

（1）　特定財産承継遺言

この場合にも、当該遺産は被相続人の死亡によって直ちに特定の相続人に帰属しますので、その帰趨は5と同様になります。

（2）　相続放棄

ただし、特定財産承継遺言の場合には、特定遺贈と異なり、放棄をするには、相続放棄の申述（民915・938）が必要とされています。

そして、既に遺産分割協議を成立させている場合には、自己に持分がある遺産を各相続人に帰属させる旨の意思表示をしていることになりますので、特定の相続人は、同意思表示が錯誤取消とならない限り、相続財産の全部又は一部を処分したことになって、単純承認したものとみなされ（民921）、相続放棄ができなくなってしまいます。この場合には、特定の財産について遺言書に従って特定の相続人に取得させ、その他の財産について相続人全員で遺産分割協議をやり直す必要があります。

第5章　その他の問題　　235

　他方、先述の遺産分割協議の意思表示が錯誤取消となった場合には、単純承認の効果も発生せず、相続放棄の申述が可能となります。相続放棄が認められた場合には、相続放棄をした者は、最初から相続人でなかったことになるので（民939）、遺産分割協議のやり直しには参加することができなくなります。

　したがって、この場合には、相続放棄をした者以外の相続人全員で遺産分割協議をやり直すことになります。

236   第5章　その他の問題

55　遺産分割協議後に特定の財産が遺産でなかったことが判明した場合

> ### 問題がある協議・条項

　被相続人甲の子である相続人A及びBは、甲の遺産として土地1（5,000万円）、土地2（4,600万円）、自動車（400万円）があることを前提に遺産分割協議を行い、Aが土地1を、Bが土地2及び自動車を取得する旨の合意をした。ところが、後日、生前に甲が自動車をXに売却していた事実が判明した。

【条項例】

第1条　次の不動産は、Aが取得する。
　〔省略〕
第2条　次の不動産は、Bが取得する。
　〔省略〕
第3条　次の自動車は、Bが取得する。
　〔省略〕

＜問題点＞

・本来遺産に含まれない自動車についても遺産分割してしまっている。

改善例

　A及びBは、上記事実が判明した後、以下の合意書を作成し、本遺産分割協議のうち、Bが自動車を取得する旨の合意をした部分（第3条）の効力を失わせ、AがBに対し200万円の損害賠償義務を負うこととした。

第5章　その他の問題　　　　237

【改善後の条項例】（合意書）

合意書

第1　被相続人の表示

　本　　　籍：○○県○○市○○町○丁目○番○号

　最後の住所：○○県○○市○○町○丁目○番○号

　被相続人：甲（令和○年○月○日死亡）

第2　相続人の表示

　（1）　住所　○○県○○市○○町○丁目○番○号

　　　　氏名　A

　（2）　住所　○○県○○市○○町○丁目○番○号

　　　　氏名　B

　被相続人の遺産について、共同相続人A、B間に令和○年○月○日成立した遺産分割協議（以下「本件遺産分割協議」という。）につき、A及びBは、令和○年○月○日、以下のとおり合意した。

1　A及びBは、本件遺産分割協議第3条が無効であることを確認する。

2　Aは、Bに対し、本件遺産分割協議第3条が無効であったことによる損害の賠償として、令和○年○月○日限り、金200万円を支払う。

　本合意の成立を証するため、本合意書を2通作成し、各自1通を保有する。

令和〇年〇月〇日

　　　　　　　住所　〇〇県〇〇市〇〇町〇丁目〇番〇号

　　　　　　　氏名　A　　　　　　　㊞

　　　　　　　住所　〇〇県〇〇市〇〇町〇丁目〇番〇号

　　　　　　　氏名　B　　　　　　　㊞

解　説

1　遺産分割協議時点でのA及びBの認識

　A及びBは、遺産分割協議の時点では、甲が生前に自動車をXに売却していた事実を認識していませんでした。そのため、A及びBは、自動車が甲の遺産に含まれることを前提に、Aが土地1、Bが土地2と自動車を取得することとして、甲の遺産が平等に分配されるように合意したつもりですが、実際は、BはAに比べて400万円分少ない価値しか取得できないことになってしまします。

2　分割したものが遺産でなかったことが判明した場合

　判例（最大決昭41・3・2民集20・3・360）は、遺産分割審判の前提となっていた権利の存在が、確定判決によって否定された場合には、当該遺産分割審判もその限度において効力を失うにとどまるとしています。また、別の判例（名古屋高決平10・10・13判タ999・275）も、遺産分割審判において遺産の対象としていた物件の一部が、その後の判決によって遺産でないとされたときは、その遺産でないとされた物件が遺産

の大部分又は重要な部分であると扱われていたなどの特段の事情がない限り、遺産でないとされた物件についての前の審判による分割の効力のみが否定され、その余の物件についての分割は有効であると解するのが相当であるとしています。

上記２つの判例は、遺産分割協議ではなく遺産分割審判の事例ではありますが、遺産分割協議でも同様に考えることができるとされた場合、自動車の価値が遺産全体の約４％にすぎないことを考えますと、本遺産分割協議の第３条のみが無効であり、その他の条項は有効とされる可能性が高いものと思われます。

3　担保責任

上記名古屋高裁決定は、遺産でないとされた物件を取得するとされた相続人は、民法911条に基づき、他の相続人に対し、その相続分に応じた担保責任を求めることができるとしています。民法911条は、「各共同相続人は、他の共同相続人に対して、売主と同じく、その相続分に応じて担保の責任を負う。」と規定しており、民法上、売主の担保責任については、①追完請求（民562）、②代金減額請求（民563）、③損害賠償請求（民564）、④解除（民564）等が規定されています。もっとも、①や④については、遺産分割の性質上認めるべきではないとの見解があり、②についても、代償分割の場合のみ利用できるとの指摘があります（潮見佳男『新注釈民法(19)　相続（１）〔第２版〕』538頁（有斐閣、2023））。

また③についてですが、民法911条は、「各共同相続人」が「相続分に応じて」担保責任を負うと規定しており、遺産でない物を取得するとされた相続人も含めて相続分に応じて責任を分担することになります（潮見・前掲538・539頁）。本ケースでは、Ｂは、Ａに対して、自動車

（400万円）について担保責任追及として損害賠償請求をすることと
していますが、Bも自らの相続分（2分の1）を負担するので、Aに
対して200万円（400万円×相続分2分の1）請求することになります。

なお、民法911条は任意規定であるため、共同相続人間で担保責任を
負わない旨の特約を定めることも可能ですが、自ら知りながら告げな
かった事実や、自ら第三者のために設定し又は譲渡した権利について
は免責されません（民572準用。潮見・前掲540・541頁参照）。

遺産分割協議書チェックのポイント
－「問題がある協議・条項」とその改善例－

令和6年11月5日　初版一刷発行
二刷発行

編　集　志和・髙橋綜合法律事務所
発行者　河　合　誠　一　郎

発　行　所　新日本法規出版株式会社

本　　　社
総 轄 本 部　（460-8455）　名古屋市中区栄1－23－20

東京本社　（162-8407）　東京都新宿区市谷砂土原町2－6

支社・営業所　札幌・仙台・関東・東京・名古屋・大阪・高松
広島・福岡

ホームページ　https://www.sn-hoki.co.jp/

【お問い合わせ窓口】
新日本法規出版コンタクトセンター
📞 0120-089-339（通話料無料）
●受付時間／9：00～16：30（土日・祝日を除く）

※本書の無断転載・複製は、著作権法上の例外を除き禁じられています。
※落丁・乱丁本はお取替えします。　ISBN978-4-7882-9392-2
5100342　遺産分割協議
©志和・髙橋綜合法律事務所 2024 Printed in Japan